한방에 끝내는

중국어와 한자 첫걸음

저자 황후남

한방에 끝내는
중국어와 한자
첫걸음

개정판 2쇄 인쇄 2011년 4월 20일
개정판 2쇄 발행 2011년 4월 25일
저자 황후남 / 발행인 서덕일
발행처 도서출판 문예림
출판등록 1962년 7월 12일 제 2-110호
주소 서울 광진구 군자동 1-13 문예하우스 101호
Tel 02-499-1281~2 / Fax 02-499-1283
http://www.bookmoon.co.kr
E-mail:book1281@hanmail.net
· 잘못된 책은 구입하신 서점에서 교환하여 드립니다.
· 인지는 저자와 협의에 의해 생략합니다
ISBN 978-897482-576-8 (13720)

　한국에서 중국어를 가르친 지 벌써 10년째 접어들었습니다. 《가르치는 것은 곧 배우는 것이다.》라는 속담이 딱 맞는 것 같습니다. 한국 학생들을 가르치면서 한국 자음, 모음과 중국어의 성모, 운모의 유사점과 차이점을 알게 되었으며 한국 학생들이 가장 많이 틀리는 발음과 단어 그리고 문법도 알게 되었습니다. 수년 동안 중국어를 배웠다는 학생이 중국인과 대화하고 싶다고 찾아왔는데 그 중에는 중국말을 알아듣지 못하는 학생, 병음 표시가 없으면 한자를 읽지 못하는 학생, 성조가 없는 중국말을 하는 학생, 14살을 40세로 말하는 학생, 핸드폰을 여윈 닭이라고 말하는 학생, 《아빠, 안녕》을 《똥, 안녕》이라고 말하는 학생들을 보았습니다. 그래서 학생들을 가르치는데 도움이 되도록 성조를 악보로 만들고 또 한국어에서 악센트가 똑같은 어휘를 찾아냈으며, 또한 병음 규칙과 발음 규칙도 찾아냈습니다. 또한 한국 학생들이 중국어를 배우면서 한자 학원을 다니는 것을 보고 중국어와 한자를 함께 가르칠 생각도 하게 되었습니다.

　이 교재는 지금까지 수 년 동안 학생들을 가르치면서 수정, 보완하여 꼭 필요한 내용만을 담은 교재로 중국어를 배우는 분들께 정확한 성조, 발음, 문법 그리고 동시에 한자도 쉽게 배우는데 도움이 되도록 만들었습니다.

저자 황 후 남

目录

拼音和声调

병음과 성조

중국어의 특징

1 중국어의 표기법

上 | shàng
위

중국어는 한자와 발음기호가 있다. 上은 한자이고 shang은 발음기호 즉 병음이고 ˋ는 성조표시이다.

2 현대 중국 간체 한자와 한국에서 쓰이는 한자

한국 번체		중국 간체	
書 글 서	➡	书 shū 책 서	
畵 그림 화	➡	画 huà 그림 화	
晝 낮 주	➡	昼 zhòu 낮 주	

그러나 똑같게 쓰이는 한자도 적지 않다.

天, 地, 上, 下, 黑, 百, 白………

3 음절의 구조

好 | hǎo
좋다

여기서 h는 성모이고 ao는 운모이고 ˇ는 성조이다.

① 성모 : 성모는 한국어의 자음과 같다. 음절을 표시한 발음기호의 첫 기호를

말한다. 23개의 성모가 있다.

② **운모** : 음절에서 성모를 제외한 나머지 부분을 말한다. 운모에는 단음절과 복음절이 있다.단음절은 한국어의 모음과 비슷하고 복음절은 한국어의 모음 혹은 모음에 받침을 더한것과 비슷하다. 7개의 단운모와 30개의 복운모가 있다.

③ **성조** : 모든 음절의 고저 악센트를 말하며 제1성, 제2성, 제3성, 제4성과 경성이 있다.

중국어는 문법이 간단하나 성조가 엄격하다. 발음이 같으나 성조가 다르면 완전히 다른 뜻으로 된다.

예 大妈(dàmā : 큰어머니)와 大马(dàmǎ : 큰 말)는 음이 같으나 성조가 다르다.
성조가 틀리면 뜻이 틀리게 된다.
四(sì : 넷 사), 死(sǐ : 죽을 사)도 마찬가지이다.
爸爸(bàba : 아빠), 屄屄(bǎba : 똥 − 어린 아이들이 자주쓰는 용어) 성조를 잘못 말하면 큰일 나겠지요?

练习 연습

● **다음의 질문에 대답하십시오.**

1) 병음이란 무엇인가?

2) 성모란 무엇인가?

3) 운모란 무엇인가?

4) 성조란 무엇인가?

拼音和声调 | 병음과 성조

1 声母성모

b	입술을 붙였다가 벌리면서 나는 소리이다. 제1성 제2성 제3성 경성일 때에는 〈버〉의 소리에 흡사하고 제4성일 경우에는 〈뻐〉의 소리에 가깝다.
p	입술을 붙였다가 벌리면서 나는 소리이다. 한국어의 "퍼"와 비슷하다.
m	입술을 붙였다가 벌리면서 나는 소리이다. 한국어의 "머"와 비슷하다.
f	윗니로 아래의 입술을 살짝 물었다가 띄면서 나는 소리이다. 영어 "f"에 한국어 모음 "ㅓ"를 붙인 소리를 내면 된다.
d	혀끝을 윗잇몸에 붙였다가 띄면서 나는 소리이다. 제1성, 제2성, 제3성, 경성일 경우에는 〈더〉의 소리에 가깝고 제4성일 경우에는 〈떠〉의 소리에 가깝다.
t	혀끝을 윗잇몸에 붙였다가 띄면서 나는 소리이다. 한국어의 "터"와 비슷하다.
n	혀끝을 윗잇몸에 붙였다가 띄면서 나는 소리이다. 한국어의 "너"와 비슷하다.

l

혀끝을 윗잇몸에 붙였다가 띄면서 나는 소리이다. 혀끝을 n보다 좀 뒤로 윗 잇몸에 붙였다가 띄면서 "러"라고 발음한다. 한국어 "러"와 비슷하나 같지 않다. "러"는 혀끝을 살짝 윗 잇몸에 붙이고 "l"은 혀끝을 좀 힘있게 윗잇몸에 붙이고 "러"는 혀끝을 윗잇몸 앞부분에 붙이고 "l"는 윗잇몸 중간쯤에 붙인다.

2 韵母 운모

a

입은 아주 크게 벌리고 혀의 위치는 아주 낮고 입술은 둥글지 않다. 한국어 의 "아"와 비슷하나 "아"보다 입이 좀 더 크게 벌리면 된다.

o

입은 중간 정도 벌리고 혀의 위치는 반 높이고 입술은 둥글다. 입은 한국어 의 "오"처럼 벌리고 소리는 한국어의 "어"를 내면 된다.

e

1) 입은 중간 정도 벌리고 혀의 위치는 반 높이이고 입술은 둥글지 않다. 한 국어의 "어"와 비슷하나 "어"보다 입을 더 크게 벌리면 된다.
2) 다른 모음과 같이 복운모를 구성할 때에는 〈에〉의 소리를 낸다.

i

1) 입은 아주 작게 벌리고 입술은 옆으로 벌리며 혀의 위치는 높다. 한국어 의 "이"와 비슷하나 입을 더 옆으로 벌리면 된다.
2) 성모 z c s zh ch sh r 의 뒤에 있을 때에는 한국어 "으"의 소리를 낸다.

u

입은 아주 작게 벌리고 입술은 아주 둥글게 하고 혀의 위치는 높게 한다. 한 국어의 "우"와 비슷하나 입을 더 둥글게 더 앞으로 내밀면 된다.

ü

혀의 위치는 높고 앞을 높게 하면 된다. 한국어의 "위"와 비슷하나 입술을 옆으로 벌리지 않는다.

拼音:성모, 운모와의 조합

중국어의 음절은 성모와 운모로 구성된다. 음절의 첫 부분은 성모이고 그 외에는 모두 운모이다. 한 음절에 하나의 성모만 있다. 운모는 단운모와 복운모가 있다. 어떤 음절에는 성모가 없고 운모만 있는 것도 있다. 예를 들면 "a, o, e, er" 이다. 그러나 성모만 있고 운모가 없는 음절은 없다. "i, u, ü"는 성모가 될 수 없고 운모만 될 수 있다.

성모＼운모	a	o	e	i	u	ü
b	ba	bo	–	bi	bu	–
p	pa	po	–	pi	pu	–
m	ma	mo	me	mi	mu	–
f	fa	fo	–	–	fu	–
d	da	–	de	di	du	–
t	ta	–	te	ti	tu	–
n	na	–	ne	ni	nu	nü
l	la	–	le	li	lu	lü

声调 성조

- **제1성** : 제일 높은 음이며 시작하여서부터 그대로 길게 끝까지 유지한다. 박자는 1박자이다. 한국어에서 기쁠때의 환호소리 "와"의 악센트와 같다. "솔" 음과 같다.
- **제2성** : 음 "미"에서 시작하여 "솔"까지 올라간다. 1박자이다. 반문할 때 "예", "뭐"할 때의 악센트와 같다.
- **제3성** : 음 "레, 도, 레, 미, 파"를 레도를 한박자로 레미파를 한박자로 전체 2박자의 소리를 낸다. 한국에서의 어른들이 아이들을 칭찬할 때 쓰는"잘 했어"의 악센트와 같다. 단음절일때는 2박자이나 다른 음과 한 단어를 구성할 때는 1박자이다. 제3성의 악센트와 박자는 변화가 있다. "제4과"의 성조변화에서 자세히 설명하도록 하겠다.

❊ **제4성** : 음 "솔, 파, 미, 레, 도"를 1박자로 내는 소리와 같다. 화났을 때 "가" 하는 악센트와 같고 애완견이 짖는 소리 "왈"의 악센트와 같다.

❊ **경성** : 경성은 짧고 약해지는 음이다. 1/2박자이다.

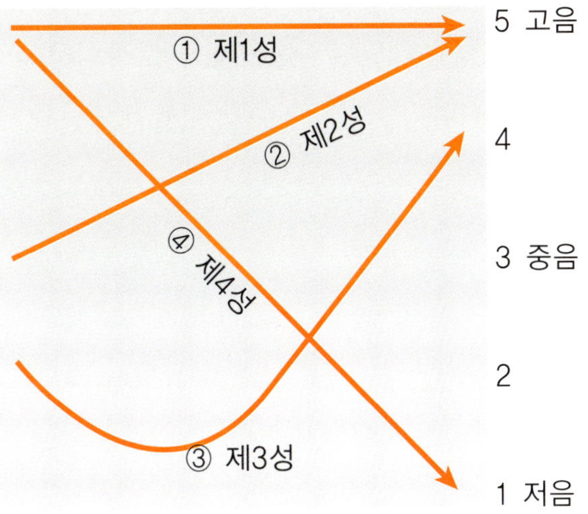

성조	성조 부호	예	박자
제1성	－	妈 mā	1박자
제2성	´	麻 má	1박자
제3성	ˇ	马 mǎ	2박자
제4성	`	骂 mà	1박자
경성	표시 없음	吗 ma	반박자

주의 : 제3성은 악센트와 박자가 변화가 있다. 제4과에서 설명하겠다.

성조부호는 어디에 달까요?

1) 성조부호는 운모에 붙인다.

2) 운모가 둘 이상일 때는 붙이는 순서가 아래와 같다. ɑ, o, e이다. u와 i가 같이 있을 때는 뒤에 있는 음에 붙인다. 즉 ui는 i에 붙이고 iu는 u에 붙인다. **예** guì, jiǔ.

3) 모음 i에 성조부호를 붙일 때는 i의 점을 없앤다.

   예 ti, ni, lɑi → tī, nǐ, lɑí

6 i, u, ü가 하나의 음절을 나타낼 때

i, u, ü는 모음만 되고 단독적으로 음절을 구성할 수 없다.

i만으로 음절을 구성할 때는 yi로 쓴다.

u만으로 음절을 구성할 때는 wu로 쓴다.

ü만으로 음절을 구성할 때는 yu로 쓴다.

✳ 성조연습

bā	bá	bǎ	bà
pā	pá	pǎ	pà
yī	yí	yǐ	yì
wū	wú	wǔ	wù

✳ 다음 질문에 대답하시요.

1) 성조 제1성은 어떤 악센트 이지요? 그의 부호는 어떻지요?

➡ ____

2) 성조 제2성은 어떤 악센트 이지요? 그의 부호는 어떻지요?

➡ ____

3) 성조 제3성은 어떤 악센트 이지요? 그의 부호는 어떻지요?

➡ ____

4) 성조 제4성은 어떤 악센트 이지요? 그의 부호는 어떻지요?

➡ ____

5) 성조 경성은 어떤 악센트 이지요? 그는 부호가 있어요?

➡ ____

拼音和声调 | 병음과 성조

1 声母성모

g
한국 자음 "ㄱ"와 "ㄲ"사이의 소리와 운모 "e"의 소리를 합한 것과 같다. 제1성 제2성 제3성 경성일 때에는 "ㄱ"의 소리에 가깝고 제4성일 경우에는 "ㄲ"의 소리에 가깝다.

k
한국어 자음 "ㅋ"의 소리와 운모 "e"의 소리를 합한 것과 같다.

h
한국어 자음 "ㅎ"의 소리와 운모 "e"의 소리를 합한 것과 같다.

2 韵母운모

ai
운모 "a"와 "i"를 빨리 붙인 소리이다. 영어 "I"소리이다.

ei
한국어 "에"와 운모"i"를 빨리 붙인 소리이다. 영어 "A"의 소리이다.

ao
"아오"와 비슷하나 "아오우"의 소리에 더 가깝다.

 운모 "o, u"를 빨리 붙인 소리이다. "어우"소리에 더 가깝다.

3 拼音 : 성모와 운모의 조합

성모 \ 운모	a	o	e	i	u	ü
g	ga	–	ge	–	gu	–
k	ka	–	ke	–	ku	–
h	ha	–	he	–	hu	–

성모 \ 운모	ai	ei	ao	ou
b	bai	bei	bao	–
p	pai	pei	pao	pou
m	mai	mei	mao	mou
f	–	fei	–	fou
d	dai	dei	dao	dou
t	tai	–	tao	tou
n	nai	nei	nao	nou
l	lai	lei	lao	lou
g	gai	gei	gao	gou
k	kai	kei	kao	kou
h	hai	hei	hao	hou

 练习 연습

성조연습

kē	ké	kě	kè
hāo	háo	hǎo	hào
hōu	hóu	hǒu	hòu
gū	gú	gǔ	gù

아래의 음을 구별하세요.

1) gai
   gei

2) kao
   kou

3) hu
   he

4) bai
   bei

5) pao
   pou

6) fu
   pu

拼音和声调 | 병음과 성조

1 韵母운모

an
운모 "a"와 한국어 "ㄴ"받침을 붙인 소리이다.
(운모 i ü 뒤에 있을 때에는 "앤"의 소리가 난다.)

en
운모 "e"와 한국어 "ㄴ"받침을 붙인 소리이다.

ang
운모 "a"와 한국어 "ㅇ"받침을 붙인 소리이다.

eng
운모 "e"와 한국어 "ㅇ"받침을 붙인 소리이다.

ong
"웅"의 소리에 가깝다.

2 제3성의 변조

1) 3성은 단음절일 때 2박자이다.
　예 好 hǎo, 跑 pǎo.

2) 다른 음절과 같이 한 개의 단어를 구성할 때는 1박자이다. 제3성의 뒤에 제
1성, 제2성, 제4성, 경성이 오면 앞의 1박자만 읽는다.
> 예 好喝 hǎohē, 好人 hǎorén, 好看 hǎokàn, 好吧 hǎoba 에서 hǎo 3성
> 의 앞 1박자와 뒷 음절의 1박자를 읽는다.

3) 제3성의 뒤에 또 제3성이 올 때 앞 3성은 뒤 1박자, 뒤 3성은 앞 1박자를
읽는다.
> 예 你好 nǐhǎo에서 nǐ의 뒤의 1박자와 hǎo의 앞 1박자만 읽는다.

3 拼音 : 성모와 운모의 조합

성모 \ 운모	an	en	ang	eng	ong
b	ban	ben	bang	beng	–
p	pan	pen	pang	peng	–
m	man	men	mang	meng	–
f	fan	fen	fang	feng	–
d	dan	den	dang	deng	dong
t	tan	–	tang	teng	tong
n	nan	nen	nang	neng	nong
l	lan	–	lang	leng	long
g	gan	gen	gang	geng	gong
k	kan	ken	kang	keng	kong
h	han	hen	hang	heng	hong

练习　연습

성조연습

mān	mán	mǎn	màn
hēn	hén	hěn	hèn
lēng	léng	lěng	lèng
dōng	dóng	dǒng	dòng

제3성의 변조연습

• 3성을 한박자로 읽을때

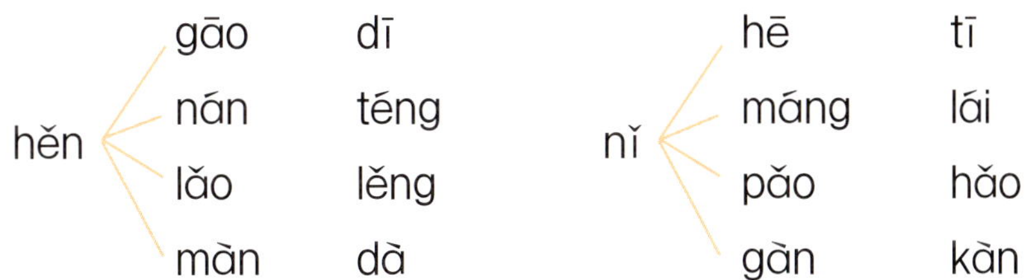

• 3성을 두박자로 읽을때

hǎo　　　bǎi　　　gǒu　　　lěng

拼音和声调 | 병음과 성조

1 声母성모

j 한국어 자음 "ㅈ"와 운모 "i"를 합한 소리이다. 한국어 "지"보다 입을 옆으로 더 벌리면 된다.

q 한국어 자음 "ㅊ"와 운모 "i"를 합한 소리이다. 한국어 "치"보다 입을 옆으로 더 벌리면 된다.

x 한국어 자음 "ㅆ"와 운모 "i"를 합한 소리이다. 한국어 "씨"보다 입을 옆으로 더 벌리면 된다.

2 韵母운모

ia 한국어 "이야"와 같다.

ie 한국어 "이예"와 같다. 이때 "e"는 "어"의 소리가 아니라 "에"의 소리이다.

iao 한국어 "이야오"와 같다.

<table>
<tr><td rowspan="2">

iu
</td><td>한국어 "이유"와 같다.</td></tr>
<tr><td>[iou]</td></tr>
</table>

성모 \ 운모	i	ia	ie	iao	iu	ü
j	ji	jia	jie	jiao	jiu	ju
q	qi	qia	qie	qiao	qiu	qu
x	xi	xia	xie	xiao	xiu	xu
y	yi	ya	ye	yao	you	yu

③ 拼音 : 성모와 운모의 조합주의

① ia, ie, iao, iu만으로 음절을 구성할 때 : i는 성모가 될 수 없기 때문에 y로 교체하고 iu는 yiu가 아니라 you로 쓴다. 즉 ya ye yao you 이다.

② j, q, x, y 뒤에 ü가 올 때 두 점을 없앤다. 그러나 ü로 읽어야 한다. j, q, x, y 뒤에는 모음 u가 올 수 없기 때문이다.

④ 제1성의 성조연습

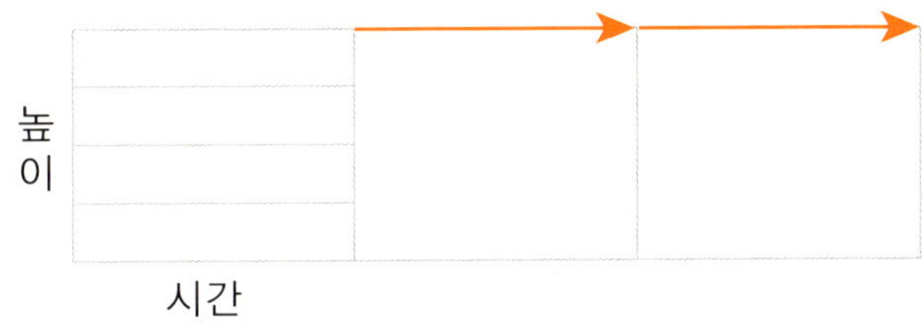

제1성 + 제1성

kāfēi (커피)

fēijī (비행기)

jiāotōng (교통)

제1성 + 제2성
jiāyóu (힘을 더 내다)
tālái (그가 오다)
tīqiú (공을 차다)

제1성 + 제3성
gāngbǐ (만년필)
hēibǎn (칠판)
bābǎi (800)

제1성 + 제4성
tāqù (그는 간다)
xīgài (무릎)
kōngqì (공기)

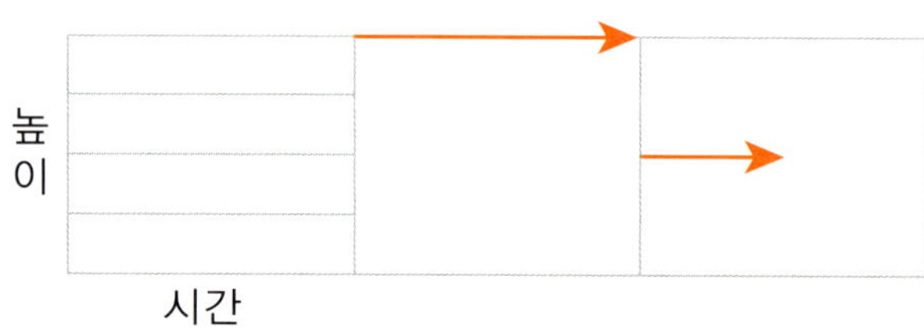

제1성 + 경성
māma (엄마)
gēge (형, 오빠)
xiāoxi (뉴스)

练习 연습

● 성조연습

yāo	yáo	yǎo	yào
qū	qú	qǔ	qù
xiāo	xiáo	xiǎo	xiào
yōu	yóu	yǒu	yòu

● 제1성 성조연습

biāobīng	jījí	qībǎi
fūqī	hēibái	yōuyǎ
tīngkè	yīfu	
gōnggòng	tāmen	

拼音和声调 | 병음과 성조

1 韵母운모

ian
"이앤"이라고 발음한다. 이때 "an"은 "안"의 소리가 아니라 "앤"의 소리를 낸다.

iang
"이양"이라고 발음한다.

in
"인"이라고 발음하나 "인"보다 입이 약간 더 옆으로 벌린다.

ing
"잉"이라고 발음하나 "잉"보다 입이 약간 더 옆으로 벌린다.

iong
"융"이라고 발음한다.

2

拼音 : 성모와 운모의 조합

ian, iang, in, ing, iong만으로 음절을 구성할 때는 yan, yang, yin, ying, yong이라고 쓴다. 즉 i뒤에 운모가 있으면 i를 y로 교체하고 i뒤에 운모가 없으면 i앞에 y를 붙인다.

성모 \ 운모	ian	iang	in	ing	iong
j	jian	jiang	jin	jing	jiong
q	qian	qiang	qin	qing	qiong
x	xian	xiang	xin	xing	xiong
y	yan	yang	yin	ying	yong
b	bian	–	bin	bing	–
p	pian	–	pin	ping	–
m	mian	–	min	ming	–
f	–	–	–	–	–
d	dian	–	–	ding	–
t	tian	–	–	ting	–
n	nian	niang	nin	ning	–
l	lian	liang	lin	ling	–

제2성의 성조 연습

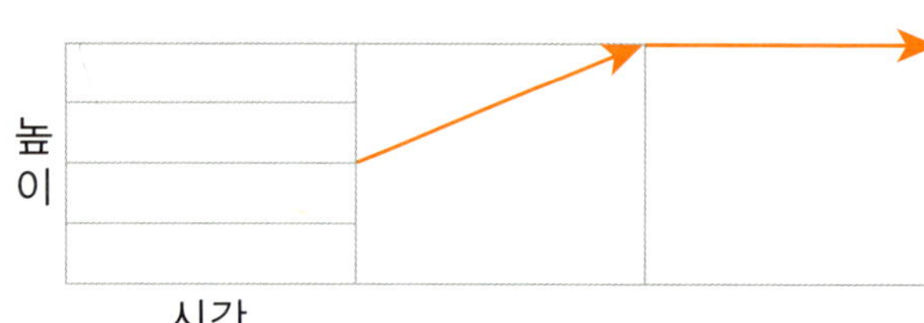

제2성 + 제1성

lóutī (계단)

máoyī (스웨터)

míngtiān (내일)

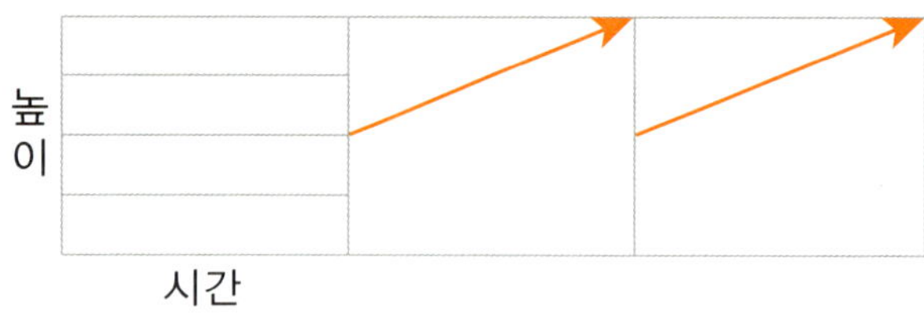

제2성 + 제2성

yóujú (우체국)

lánqiú (농구)

niánjí (학년)

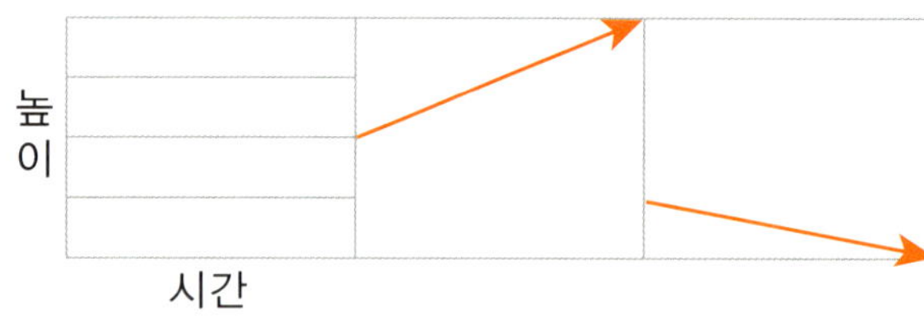

제2성 + 제3성

nánnǚ (남녀)

píjiǔ (맥주)

yóuyǒng (수영)

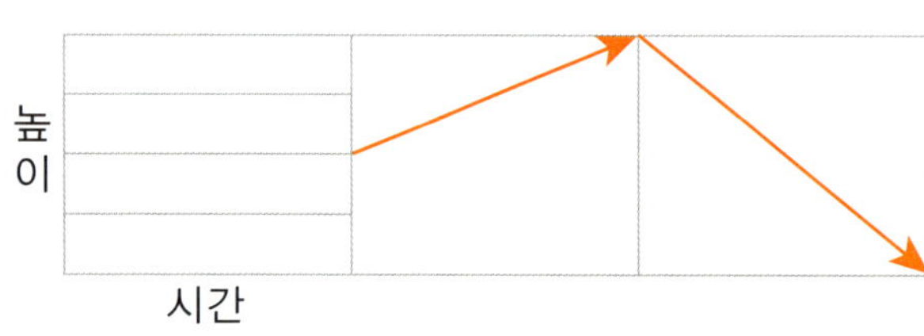

제2성 + 제4성

hánjià (겨울방학)

niánjì (연세)

búqù (가지 않는다)

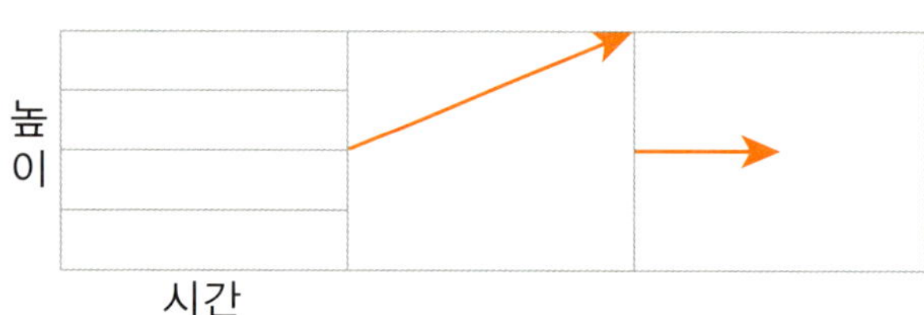

제2성 + 경성

péngyou (친구)

bízi (코)

yéye (할아버지)

练习　연습

성조연습

yān	yán	yǎn	yàn
qiāng	qiáng	qiǎng	qiàng
qīng	qíng	qǐng	qìng
yōng	yóng	yǒng	yòng

제2성 성조연습

báitiān	língxīng	hóngqí	míngnián
niúnǎi	mínglǎng	láiqù	páiliè
biéde	mángma		

拼音和声调 | 병음과 성조

1 声母성모

z   혀끝을 펴고 윗니 뒤에 떠민 후에 혀끝을 조금 떼고 "쯔"로 읽는다.

c   같은 요령으로 "츠"라고 읽는다.

s   혀끝을 아랫니 뒤에 접근시켜 "쓰"라고 읽는다.

2 韵母운모

ua   "우와"라고 읽는다.

uai   "와이"라고 읽는다.

uan   "완"이라고 읽는다.

uang

"왕"이라고 읽는다.

3 拼音 : 성모와 운모의 조합

z, c, s가 그 소리의 음절을 구성할 때는 성모 뒤에 운모 "i"가 붙는다. 이 때 "i"는 운모 "i"(이)로 읽으면 안 된다. 즉: z c s 뒤에 "i"가 붙어도 소리는 변하지 않는다.

ua, uai, uan, uang만으로 음절을 구성할 때는 wa, wai, wan, wang으로 쓴다.

성모 \ 운모	ua	uai	uan	uang
d	–	–	duan	–
t	–	–	tuan	–
n	–	–	nuan	–
l	–	–	luan	–
g	gua	guai	guan	guang
k	kua	kuai	kuan	kuang
h	hua	huai	huan	huang

	a	e	i	u	ai	ei	ao	ou	an	en	ang	eng	ong	uan
z	za	ze	zi	zu	zai	zei	zao	zou	zan	zen	zang	zeng	zong	zuan
c	ca	ce	ci	cu	cai	cei	cao	cou	can	cen	cang	ceng	cong	cuan
s	sa	se	si	su	sai		sao	sou	san	sen	sang	seng	song	suan

제3성의 성조연습

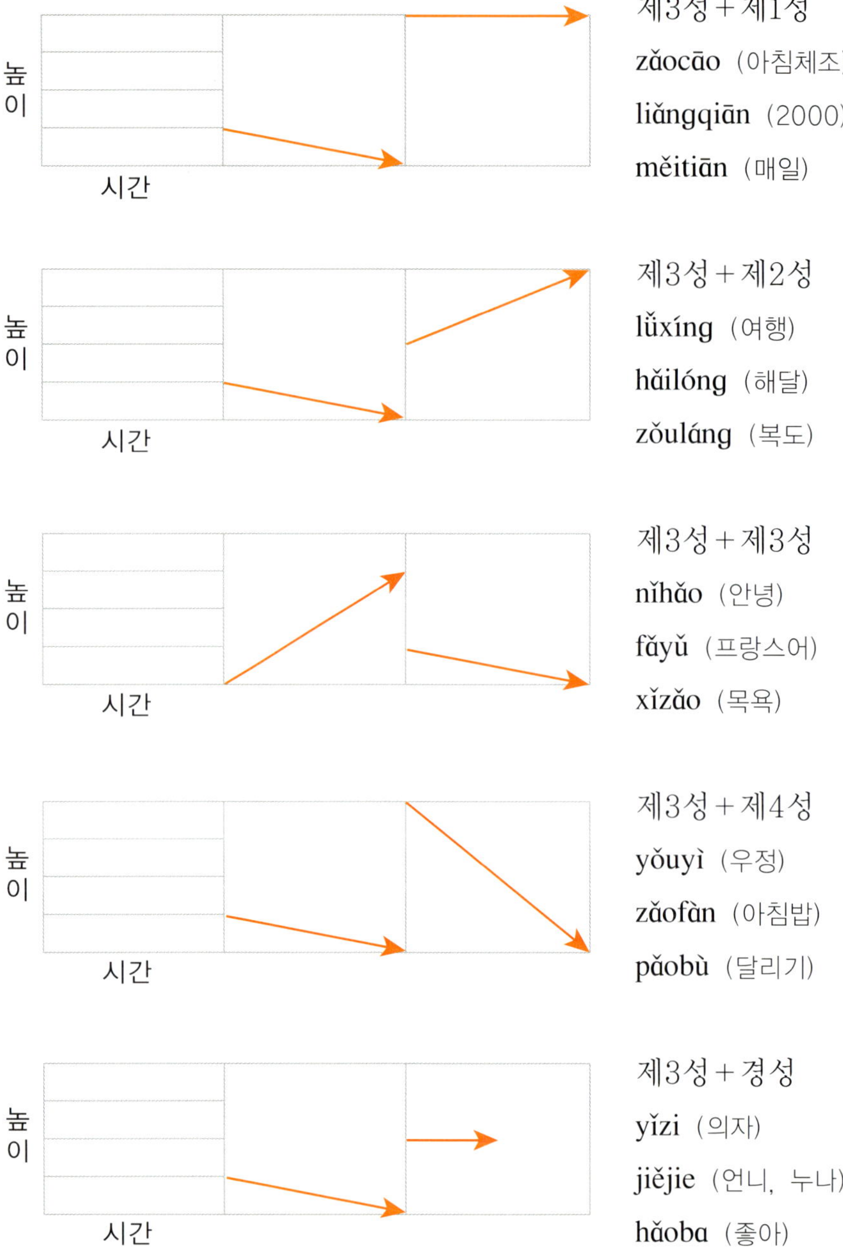

제3성 + 제1성
zǎocāo (아침체조)
liǎngqiān (2000)
měitiān (매일)

제3성 + 제2성
lǚxíng (여행)
hǎilóng (해달)
zǒuláng (복도)

제3성 + 제3성
nǐhǎo (안녕)
fǎyǔ (프랑스어)
xǐzǎo (목욕)

제3성 + 제4성
yǒuyì (우정)
zǎofàn (아침밥)
pǎobù (달리기)

제3성 + 경성
yǐzi (의자)
jiějie (언니, 누나)
hǎoba (좋아)

练习 연습

✱ 성조연습

wā	wá	wǎ	wà
zāo	záo	zǎo	zào
kuāng	kuáng	kuǎng	kuàng
huān	huán	huǎn	huàn

✱ 제3성의 성조연습

běijīng	hǎixiān	cǎoméi	
gǎnmáng	hěnhǎo	fǔdǎo	
cǎisè	nǔlì	mǔqin	běnzi

拼音和声调 | 병음과 성조

1 声母 성모

zh 혀끝을 위로 말아 올려 입천장의 딱딱한 부위에 댄 후 띠면서 "쯔"라고 읽는다.

ch 혀끝을 위로 말아 올려 입천장의 딱딱한 부위에 댄 후 띠면서 "츠"라고 읽는다.

sh 혀끝을 위로 말아 올려 혀끝을 입천장에 완전히 밀착 시키지 않고 "쓰"라고 읽는다.

r 혀끝을 위로 말아 올려 혀끝을 입천장에 완전히 밀착시키지 않고 "르"라고 읽는다.

2 韵母 운모

uo "우워"라고 읽는다.

ui [uei] "우에이"라고 읽는다.

[uen] "운"과 "원" 사이의 소리를 내면 된다.

3 拼音 : 성모와 운모의 조합

zh, ch, sh, r가 그 소리의 음절을 구성할 때는 zhi, chi, shi, ri라고 쓴다. 이 때 "i"는 "이"의 발음을 해서는 안 된다. 즉 : zh ch sh r 뒤에 "i" 있어도 소리 는 변하지 않는다.

uo, ui, un : uo만으로 음절을 구성할 때는 wo로 쓴다.

ui는 모음으로만 쓰인다. ui와 wei는 소리가 다르다.

un은 모음으로만 쓰인다. un과 wen은 소리가 다르다.

성모 \ 운모	uo	ui	un
d	duo	dui	dun
t	tuo	tui	tun
n	nuo	–	–
l	luo	–	lun
g	guo	gui	gun
k	kuo	kui	kun
h	huo	hui	hun

운모 \ 성모	a	e	i	u	ai	ei	ao	ou	an	en	ang	eng	ong
zh	zha	zhe	zhi	zhu	zhai	zhei	zhao	zhou	zhan	zhen	zhang	zheng	zhong
ch	cha	che	chi	chu	chai	–	chao	chou	chan	chen	chang	cheng	chong
sh	sha	she	shi	shu	shai	shei	shao	shou	shan	shen	shang	sheng	–
r	–	re	ri	ru	–	–	rao	rou	ran	ren	rang	reng	rong

성모 \ 운모	uo	ui	un	u	ua	uai	uan	uang
z	zuo	zui	zun	zu	–	–	zuan	–
c	cuo	cui	cun	cu	–	–	cuan	–
s	suo	sui	sun	su	–	–	suan	–
zh	zhuo	zhui	zhun	zhu	zhua	zhuai	zhuan	zhuang
ch	chuo	chui	chun	chu	chua	chuai	chuan	chuang
sh	shuo	shui	shun	shu	shua	shuai	shuan	shuang
r	ruo	rui	run	ru	rua	–	ruan	–

4 제4성의 성조연습

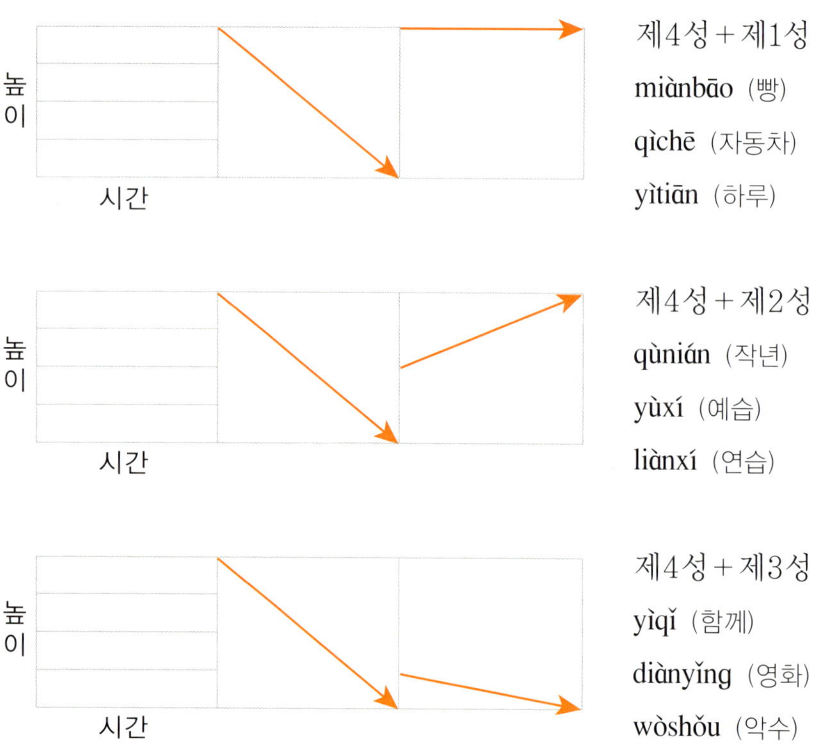

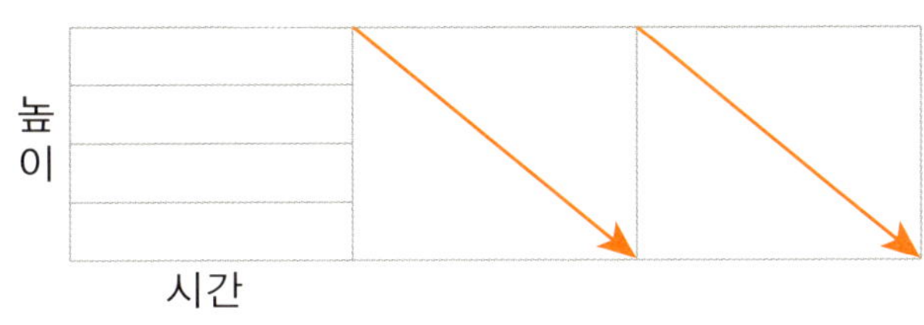

제4성＋제4성

shuìjiào (잠 자다)

kuàilè (즐겁다)

màipiào (표를 팔다)

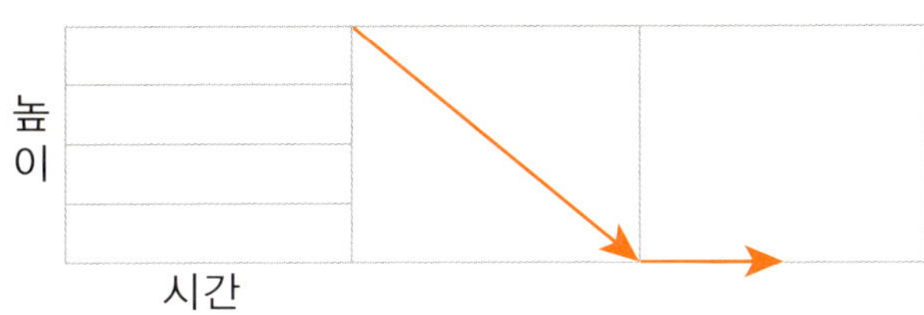

제4성＋경성

liùge (6개)

dàifu (의사)

dìfang (지방)

 练习　연습

❋ 4성연습

huō	huó	huǒ	huò
cūn	cún	cǔn	cùn
suī	suí	suǐ	suì
rāng	ráng	rǎng	ràng

❋ 제4성 성조연습

zhànzhēng	rènzhēn	rèqíng
nèiróng	hànzì	duànliàn
kuàizi	màizi	dàshǐ
shàngwǔ		

拼音和声调 | 병음과 성조

1 声母 성모

y
운모 "i"소리와 같다.

w
운모 "u"소리와 같다.

2 韵母 운모

üe
"위에"라고 발음한다. 이때 "e"는 "어"로 읽지말고 "에"로 읽는다.

üan
"왠"이라고 발음한다. 이때 "an"은 "안"으로 읽지말고 "앤"으로 읽는다.

ün
"윈"이라고 발음한다.

er
"얼"이라고 발음한다.

拼音 : 성모와 운모의 조합

모음 "i"나 "i"로 시작한 복운모가 그 자체의 음절을 구성할 때는 y를 쓴다.

모음 "u"나 "u"로 시작한 복운모가 그 자체의 음절을 구성할 때는 w를 쓴다.

모음 "ü"나 "ü"로 시작한 복운모가 그 자체의 음절을 구성할 때는 y를 쓴다. "ü"는 n, l뒤에 있을 대는 "ü"의 두 점은 삭제하지 않고 j, q, x, y뒤에 있을 때는 삭제 한다.

성모＼운모	a	o	e	i	u	ü
y	ya	yo	ye	yi	–	yu
w	wa	wo	–	–	wu	–

성모＼운모	ai	ei	ao	ou	an	ang	en	eng	ong
y	–	–	yao	you	yan	yang	–	–	yong
w	wai	wei	–	–	wan	wang	wen	weng	–

성모＼운모	ia	ie	iao	iu	ian	iang	in	ing	iong
y	ya	ye	yao	you	yan	yang	yin	ying	yong
w	–	–	–	–	–	–	–	–	–

성모＼운모	ua	uai	uan	uang	uo	ui	un
y	–	–	–	–	–	–	–
w	wa	wai	wan	wang	wo	–	–

성모 ＼ 운모	üe	üan	ün
y	yue	yuan	yun
w	–	–	–

성모 \ 운모	ü	üe	üan	ün
n	nü	nüe	–	–
l	lü	lüe	–	–
j	ju	jue	juan	jun
q	qu	que	quan	qun
x	xu	xue	xuan	xun

4 er의 발음 연습

er은 혀를 말은 운모로서 그것만으로 음절을 구성할 수 있다. 때로는 기타 운모와 결합하여 "儿화운모"로 된다. "儿화운모"의 쓰는 법은 원래의 운모 뒤에 "r"을 붙인다. 한자는 원래의 한자 뒤에 "儿"을 붙인다.

예 点儿 diǎnr   画儿 huàr

① er음

érzi 아들	ěrduo 귀
érnǚ 아들, 딸	ěrmù 이목(귀, 눈)
èrshí 20	èrxīn 이심(두가지 마음)
èrbǎi 200	

② er 화음 : 음절의 마지막에 혀끝을 말아 올려 발음하는 운모를 er 화음이라고 하며 한글의 "ㄹ" 받침과 같다. er 화음의 병음 끝말의 i와 n은 발음되지 않는다. 즉, r 바로 앞의 i와 n은 발음하지 않는다.

wánr 놀다	huàr 그림
xiǎoháir 어린아이	shǒujuànr 손수건
yìdiǎnr 조금	

5 병음의 철자법

"a, o, e"로 시작되는 음절이 다른 음절 뒤에 올 때 음절의 경계를 구분하기 위하여 격음부호 [']를 쓴다.

예 女儿 nǚ'ér   天安门 tiān'ānmén

练习　연습

✳ 4성연습

wēi	wéi	wěi	wèi
wēn	wén	wěn	wèn
wēng	wéng	wěng	wèng
yuān	yuán	yuǎn	yuàn

✳ 발음연습

zhèr	yǒudiǎnr	nánbiānr
xībiānr	rè'ài	nàr

拼音 병음복습

⚬ **다음의 운모가 한개의 음절을 표시하려면 어떻게 변화합니까?**

i	ia	ian	iang	iao
in	ing	ie	iu	iong
u	ua	uai	uan	uang
uo	ui	un		
ü	üe	üan	ün	

⚬ **다음의 운모를 읽어 보세요.**

a	ia	ua		
o	ao	ou	uo	
e	ei	ie	üe	
ai	uai			
an	en	in	un	ün
ang	eng	ing	ong	
an	ian	uan	üan	
ang	iang	uang		
en	uen(wen)			
eng	ueng(weng)			
ong	iong			
ao	iao			
ui	iu			

❋ 다음 음들의 차이점을 주의 하면서 읽어보세요.

1. zu   cu   su   wu
   ju   qu   xu   yu

2. zang   cang   sang   wang
   jiang   qiang   xiang   yang

3. wei   gui   hui   dui
   wen   gun   hun   dun

4. ze   ce   se   wo
   zhe   che   she   re
   jie   qie   xie   ye

5. zei   cei   shei
   zui   cui   sui

6. zi   ci   si
   zhi   chi   shi   ri
   ji   qi   xi

7. zuan   cuan   suan   wan
   zhuan   chuan   shuan   ruan
   juan   quan   xuan   yuan

❀ **아래의 음절에 성조를 달아보세요.**

제일성 : wai   dao   fei   tou

제이성 : die   xue   kuai   tian

제삼성 : guan   yuan   qiang   guang

제사성 : qiong   piao   shuo   pe

병음 발성 규칙

1. e : 단 운모일 때는 「어」의 소리를 낸다.
   다른 운모와 함께 복 운모로 있을 때는 「에」로 읽는다.
   예 ei, ie, üe

2. an : 〈안〉의 소리를 내지만 i와 ü의 뒤에 있을 때는 〈앤〉의 소리를 낸다.
   예 ian, üan

3. j, q, x, y 뒤의 u는 ü로 읽는다.
   예 ju, qu, xu, yu, juan, quan, xuan, yuan

4. z, c, s, zh, ch, sh, r 뒤의 i는 〈이〉로 읽지 않고 〈으〉로 읽는다.
   예 zi, ci, si, zhi, chi, shi, ri

1. 성모 b, p, m, f가 그 자체의 음절을 나타날 때는 운모 o를 붙인다.
   즉 : bo, po, mo, fo

   성모 d, t, n, l가 그 자체의 음절을 나타날 때는 운모 e를 붙인다.
   즉 : de, te, ne, le

   성모 g, k, h가 그 자체의 음절을 나타날 때는 운모 e를 붙인다.
   즉 : ge, ke, he

   성모 j, q, x, y가 그 자체의 음절을 나타날 때는 운모 i를 붙인다.
   즉 : ji, qi, xi, yi

   성모 z, c, s, zh, ch, sh, r가 그 자체의 음절을 나타날 때는 운모 i를 붙인다.
   즉 : zi, ci, si, zhi, chi, shi, ri

2. 성모 g, k, h 뒤에는 운모 i나 ü혹은 i나 ü로 시작한 복 운모가 붙을 수 없다.

3. 성모 j, q, x, y 뒤에는 운모 i와 ü 혹은 i나 ü로 시작한 복 운모만 붙을 수 있다. 그러나 이때의 ü를 u로 쓴다.

4. 성모 z, c, s, zh, ch, sh, r 뒤에는 i로 시작한 복 운모가 붙을 수 없고 ü나 ü로 시작한 복운모가 붙을 수 없다.

中国语与汉字

중국어와 한자

기본규칙

1) 먼저 가로획을 쓰고 후에 세로획을 쓴다.

예 一 十

2) 먼저 삐침을 쓰고 후에 벌림을 쓴다.

예 丿 人

3) 위에서 아래로 쓴다.

예 一 二 三

4) 왼쪽에서 오른쪽으로 쓴다.

예 丿 丿丨 川

5) 먼저 바깥쪽을 쓰고 후에 안쪽을 쓴다.

예 丶 丷 门 冂 问 问

6) 먼저 바깥쪽을 쓰고 후에 안쪽을 쓴다음 입을 봉한다.

예 丨 冂 冂 月 用 国 国 国

7) 먼저 가운데를 쓰고 후에 양쪽을 쓴다.

예 丨 小 小

1) 윗쪽 혹은 왼쪽위에 있는 점은 먼저 쓴다.

예 ＼ 二 亠 㞢 衤 衣
     ＼ ⺍ 为 为

2) 오른쪽 혹은 안쪽에 있는 점은 후에 쓴다.

예 乚 ナ 发 发 发
     一 丆 瓦 瓦

3) 상우와 상좌 포위구조는 먼저 바깥쪽을 쓰고 후에 안쪽을 쓴다.

예 丁 ヲ 司 司 司
     一 厂 厈 厅

4) 좌하 포위구조는 먼저 안쪽을 쓰고 후에 바깥쪽을 쓴다.

예 一 二 于 元 沅 远 远

5) 좌하우 포위구조는 먼저 안쪽을 쓰고 후에 바깥쪽을 쓴다.

예 丿 乄 凵 凶

6) 좌상우 포위구조는 먼저 바깥쪽을 쓰고 후에 안쪽을 쓴다

예 丨 冂 冃 同 同 同

7) 상좌하 포위구조는 먼저 윗쪽을 쓰고 후에 안쪽을 쓴다음 다시 왼쪽과 아래쪽
   을 쓴다.

예 一 丁 ㄨ 区

妹妹笑。

mèimei xiào

여동생이 웃는다.

哥哥	gēge	圀 오빠, 형
弟弟	dìdi	圀 남동생
姐姐	jiějie	圀 언니, 누나
妹妹	mèimei	圀 여동생
奶奶	nǎinai	圀 할머니
爷爷	yéye	圀 할아버지
叔叔	shūshu	圀 삼촌, 아저씨
阿姨	ā'yí	圀 이모, 아주머니
念	niàn	圐 읽다
画	huà	圀 圐 그림, 그림 그리다
写	xiě	圐 쓰다
喝	hē	圐 마시다
吃	chī	圐 먹다
笑	xiào	圐 웃다
哭	kū	圐 울다
谁	shuí	圙 누구
不	bù	圁 부정부사
吗	ma	圂 의문을 나타내는 어기조사
唱	chàng	圐 (노래를)부르다

会 话练习 | huìhuàliànxí 회화연습

회화1

A 谁 念？
shuí niàn

B 哥 哥 念。
gēge niàn

A 谁 哭？
shuí kū

B 弟 弟 哭。
dìdi kū

A 谁 笑？
shuí xiào

B 妹 妹 笑。
mèimei xiào

A 谁 吃？
shuí chī

B 爷 爷 吃。
yéye chī

A 谁 喝？
shuí hē

B 奶 奶 喝。
nǎinai hē

A 谁 画？
shuí huà

B 叔 叔 画。
shūshu huà

A 谁 唱？
shuí chàng

B 阿 姨 唱。
ā'yí chàng

A 哥 哥 念 吗？
gēge niàn ma

B 哥 哥 不 念，姐 姐 念。
gēge bú niàn, jiějie niàn

A 弟 弟 哭 吗？
dìdi kū ma

B 弟 弟 不 哭，妹 妹 哭。
dìdi bù kū, mèimei kū

A 妹 妹 笑 吗？
mèimei xiào ma

B 妹 妹 不 笑，弟 弟 笑。
mèimei bú xiào, dìdi xiào

A 爷 爷 吃 吗？
yéye chī ma

B 爷 爷 不 吃，奶 奶 吃。
yéye bù chī, nǎinai chī

A 奶 奶 喝 吗？
nǎinai hē ma

B 奶 奶 不 喝，爷 爷 喝。
nǎinai bù hē, yéye hē

A 叔 叔 画 吗 ？
shūshu　huà　ma

B 叔 叔 不 画， 阿 姨 画。
shūshu　bú huà， ā'yí　huà

A 阿 姨 唱 吗 ？
ā'yí　chàng ma

B 阿 姨 不 唱， 叔 叔 唱。
ā'yí　bú chàng, shūshu chàng

A 누가 읽습니까?
B 형이 읽습니다.
A 누가 웁니까?
B 남동생이 웁니다.
A 누가 웃습니까?
B 여동생이 웃습니다.
A 누가 먹습니까?
B 할아버지가 드십니다.
A 누가 마십니까?
B 할머니께서 마십니다.
A 누가 그립니까?
B 삼촌께서 그립니다.
A 누가 노래 부릅니까?
B 이모가 노래 부릅니다.

A 형이 읽습니까?
B 형은 읽지 않습니다. 누나가 읽습니다.
A 남동생이 웁니까?
B 남동생은 울지 않습니다. 여동생이 웁니다.
A 여동생이 웃습니까?
B 여동생은 웃지 않습니다. 남동생이 웃습니다.
A 할아버지가 드십니까?
B 할아버지는 드시지 않습니다. 할머니가 드십니다.
A 할머니가 마십니까?
B 할머니는 마시지 않습니다. 할아버지가 마십니다.
A 삼촌이 그립니까?
B 삼촌은 그리지 않습니다. 이모가 그립니다.
A 이모가 노래 부릅니까?
B 이모는 노래 부르지 않고 삼촌이 부릅니다.

A 吃 饭 了 吗 ? 식사하셨습니까?
chī fàn le ma

B 吃 了, 你 呢 ? 먹었습니다, 당신은요?
chī le, nǐ ne

A 我 还 没 吃 呢。 난 아직 먹지 않았습니다.
wǒ hái méi chī ne

B 是 吗 ? 그렇습니까?
shì ma

语法 yǔfǎ 문법

1 동사술어문

술어의 주요 성분이 동사인 것을 말한다.
㉠ 哥哥念。 오빠는 읽는다.

2 동사술어문의 부정

동사 앞에 不를 붙이면 된다.
㉠ 哥哥不念。 오빠는 읽지 않습니다.

의문구 : 어기조사 吗?

진술문의 문말에 어기조사 吗를 붙인다.

(예) 哥哥念吗 ? 오빠는 읽습니까?

의문구 : 의문대명사 谁를 사용하여 질문하기(이러한 문장에서 吗는 필요없음.)

인칭명사 대신 谁를 써서 질문한다.

(예) 谁念 ? 누가 읽습니까?

谁念吗 ? （×）

不의 성조변화

不의 성조는 본래 제4성이지만 뒤따르는 성조도 제4성일 경우에는 제2성으로 변한다.

(예) bùchī   bùlái   bùhǎo   búqù   búniàn

哥		gē	一 一 一口 一口 口口 口口 哥 哥 哥 哥 哥					
		哥 哥 哥 哥 哥						
哥	형 가							

念		niàn	丿 人 人 今 今 念 念 念					
		念 念 念 念 念						
念	생각할 념							

妹		mèi	乚 乂 女 女 女 妌 妹 妹					
		妹 妹 妹 妹 妹						
妹	누이 매							

笑		xiào	丿 𠂊 𠂉 𥫗 𥫗 𥫗 笑 笑 笑 笑					
		笑 笑 笑 笑 笑						
笑	웃을 소							

谁		shuí	` 讠 讠 讠 讠 讠 诤 诤 谁 谁				
		谁	谁	谁	谁	谁	
誰	누구 수						

哭		kū	` 丨 口 叩 叩 叩 哭 哭 哭 哭				
		哭	哭	哭	哭	哭	
哭	울 곡						

弟		dì	` ` 丷 쓰 휘 弟 弟				
		弟	弟	弟	弟	弟	
弟	아우 제						

画		huà	一 厂 厅 冎 币 闻 画 画				
		画	画	画	画	画	
畫	그림 화						

喝		hē	㇇ 丨 口 口 口 丨 口 曰 口 甲 口 艮 吗 喝 喝 喝
		喝 喝 喝 喝 喝	
喝	마실 갈		

奶		nǎi	㇇ 乜 女 奶 奶
		奶 奶 奶 奶 奶	
奶	젖 내		

吃		chī	㇇ 丨 口 口 丨 口 乁 吃
		吃 吃 吃 吃 吃	
喫	먹을 끽		

爷		yé	㇒ ㇏ 八 父 爷 爷
		爷 爷 爷 爷 爷	
爺	아비 야		

叔		shū	㇑ 卜 上 ㇒ 扌 未 叔 叔
		叔 叔 叔 叔 叔	
叔	아재비 숙		

姐	jiě	ㄑ ㄓ 女 如 如 姐 姐 姐						
	姐 姐 姐 姐 姐							
姐 누이 저								

唱	chàng	ㄧ ㄇ �口 吖 吖 吅 唱 唱 唱 唱						
	唱 唱 唱 唱 唱							
唱 노래 창								

阿	ā	ㄋ ㄗ ㄖ 阿 阿 阿 阿						
	阿 阿 阿 阿 阿							
阿 언덕 아								

姨	yí	ㄑ ㄑ 女 女 妒 妒 婋 姨 姨						
	姨 姨 姨 姨 姨							
姨 이모 이								

不	bù	一 ㄱ 不 不						
	不 不 不 不 不							
不 아니 불·부								

吗	ma	＼ ｎ 口 口丁 吗 吗							
		吗	吗	吗	吗	吗			
嗎 꾸짖을 마									

写	xiě	＼ ̅ ̅ 写 写							
		写	写	写	写	写			
寫 베낄 사									

练习 연습

❋ 아래의 긍정문을 吗와 谁를 이용하여 의문문으로 고치세요.

1. 哥哥画。
   ➔
   ____

2. 弟弟念。
   ➔
   ____

3. 妹妹哭。
   ➔
   ____

4. 奶奶笑。
   ➔
   ____

5. 爷爷喝。
   ➔
   ____

❋ 문장 쓰기에 도전해 보세요.

1. 누가 먹습니까?　　　　병음 : ___________________________
　　　　　　　　　　　　한자 : ___________________________

2. 언니가 읽습니까?　　　병음 : ___________________________
　　　　　　　　　　　　한자 : ___________________________

3. 오빠가 쓰지 않습니다.　병음 : ___________________________
　　　　　　　　　　　　한자 : ___________________________

4. 여동생은 웃습니다.　　병음 : ___________________________
　　　　　　　　　　　　한자 : ___________________________

5. 누가 웁니까?　　　　　병음 : ___________________________
　　　　　　　　　　　　한자 : ___________________________

1. 爷爷吃。
➡ ______________________________

2. 哥哥唱。
➡ ______________________________

3. 妹妹画。
➡ ______________________________

4. 叔叔喝。
➡ ______________________________

5. 阿姨念。
➡ ______________________________

✳ 아래의 병음을 한자로 고치세요.

gēge : ______________________   dìdi : ______________________

jiějie : ______________________   mēimei : ______________________

yéye : ______________________   nǎinai : ______________________

梨很甜。

lí hěn tián

배는 달아요.

梨	lí	몡 배
桔子	júzi	몡 귤
辣白菜	làbáicài	몡 배추김치
饺子	jiǎozi	몡 만두
药	yào	몡 약
凉菜	liángcài	몡 냉채
刀鱼	dāoyú	몡 갈치
酸	suān	혱 시다
辣	là	혱 맵다
甜	tián	혱 달다
油腻	yóunì	혱 느끼하다
苦	kǔ	혱 쓰다
咸	xián	혱 짜다
腥	xīng	혱 비리다
很	hěn	붱 매우

회화1

A 梨 甜 吗？
lí tián ma

B 梨 很 甜。
lí hěn tián

A 桔 子 酸 吗？
júzi suān ma

B 桔 子 很 酸。
júzi hěn suān

A 辣 白 菜 辣 吗？
làbáicài là ma

B 辣 白 菜 很 辣。
làbáicài hěn là

A 饺 子 油 腻 吗？
jiǎozi yóunì ma

B 饺 子 很 油 腻。
jiǎozi hěn yóunì

A 药 苦 吗？
yào kǔ ma

B 药 很 苦。
yào hěn kǔ

A 凉 菜 咸 吗？
liángcài xián ma

B 凉 菜 很 咸。
liángcài hěn xián

A 刀 鱼 腥 吗？
dāoyú　xīng ma

B 刀 鱼 很 腥。
dāoyú　hěn xīng

A 梨 甜 吗？
lí　tián ma

B 梨 不 甜。
lí　bù tián

A 桔 子 酸 吗？
júzi　suān ma

B 桔 子 不 酸。
júzi　bù suān

A 辣 白 菜 辣 吗？
làbáicài　là ma

B 辣 白 菜 不 辣。
làbáicài　bú là

A 饺 子 油 腻 吗？
jiǎozi　yóunì ma

B 饺 子 不 油 腻。
jiǎozi　bù yóunì

A 药 苦 吗？
yào kǔ ma

B 药 不 苦。
yào bù kǔ

A 凉 菜 咸 吗？
liángcài xián ma

B 凉 菜 不 咸。
liángcài bù xián

A 刀 鱼 腥 吗？
dāoyú xīng ma

B 刀 鱼 不 腥。
dāoyú bù xīng

A 배는 답니까?
B 배는 답니다.
A 귤은 십니까?
B 귤은 십니다.
A 배추김치는 맵습니까?
B 배추김치는 맵습니다.
A 만두는 느끼합니까?
B 만두는 느끼합니다.
A 약은 씁니까?
B 약은 씁니다.
A 냉채는 짭니까?
B 냉채는 짭니다.
A 갈치는 비립니까?
B 갈치는 비립니다.

A 배는 답니까?
B 배는 달지 않습니다.
A 귤은 십니까?
B 귤은 시지 않습니다.
A 배추김치는 맵습니까?
B 배추김치는 맵지 않습니다.
A 만두는 느끼합니까?
B 만두는 느끼하지 않습니다.
A 약은 씁니까?
B 약은 쓰지 않습니다.
A 냉채는 짭니까?
B 냉채는 짜지 않습니다.
A 갈치는 비립니까?
B 갈치는 비리지 않습니다.

A 谢 谢。 고맙습니다.
xièxie

B 不 客 气。 뭘요.
bú kèqi

A 谢 谢 你。 당신 고맙습니다.
xièxie nǐ

B 没 什 么。 천만에요.
méi shénme

A 太 谢 谢 了。 고맙습니다.
tài xièxie le

B 不 用 谢。 천만에요.
bú yòng xiè

형용사술어문 : 술어의 주요 성분이 형용사로 된 문장을 말한다.

1 긍정문

很은 정도를 나타내는 의미가 명료하지 않다. 그러나 긍정문에서는 습관적으로 꼭 쓰인다.

예 梨很甜。 배는 달다.

2 부정문

형용사 앞에 不를 붙이면 된다.

예 梨不甜。 배는 달지 않다.

3 의문문

형용사 뒤에 어기조사 吗를 붙이면 된다.

예 梨甜吗 ？ 배는 답니까?

梨	lí	ˊ ニ 千 禾 禾 利 利 利 犁 梨 梨				
梨 배나무 리						

桔	jú	一 十 オ 木 杧 杧 杧 桔 桔				
橘 귤 귤						

子	zi	ˊ 了 子				
子 아들 자						

辣	là	ˋ ˊ ㆍ 立 立 辛 辛 郭 郭 郭 辢 辣				
辣 매울 랄						

白	bái	㇒㇒白白白							
		白 白 白 白 白							
白	흰 백								

菜	cài	一十艹艹莎莎芝荭苹莖菜							
		菜 菜 菜 菜 菜							
菜	나물 채								

饺	jiǎo	㇒㇆饣饣饣饣饣饺饺							
		饺 饺 饺 饺 饺							
餃	경단 교								

药	yào	一十艹艹艻艻药药							
		药 药 药 药 药							
藥	약물 약								

凉	liáng	丶 丶 丬 广 广 沪 沪 泸 凉 凉							
		凉 凉 凉 凉 凉							
凉	서늘할 량								

酸	suān	一 丁 丆 西 西 酉 酉 酐 酐 酐 酐 酸 酸							
		酸 酸 酸 酸 酸							
酸	초 산								

刀	dāo	刁 刀							
		刀 刀 刀 刀 刀							
刀	칼 도								

甜	tián	丿 二 千 千 舌 舌 舌 一 甜 甜 甜 甜							
		甜 甜 甜 甜 甜							
甜	달 첨								

油	yóu	丶 丶 氵 汩 汩 油 油							
		油 油 油 油 油							
油	기름 유								

腻	nì	丿 刀 月 肝 肝 肝 肟 腻 腻 腻 腻
腻 기름 니		

苦	kǔ	一 十 艹 艹 荈 芏 苦 苦
苦 쓸 고		

咸	xián	一 厂 厂 斤 斤 咸 咸 咸 咸 咸
鹹 짤 함		

腥	xīng	丿 刀 月 肝 肝 腥 腥 腥 腥 腥 腥 腥
腥 비릴 성		

很	hěn	丿 彳 彳 彳 彳 彳 很 很 很
很 매우 흔		

练习　연습

아래의 긍정문을 의문문으로 고치세요.

1. 梨很甜。

2. 桔子很酸。

3. 饺子很油腻。

4. 药很苦。

5. 凉菜很咸。

문장 쓰기에 도전해 보세요.

1. 배는 달지 않다.　　병음 :
　　　　　　　　　　한자 :

2. 약은 씁니까?　　　병음 :
　　　　　　　　　　한자 :

3. 김치는 매워요.　　병음 :
　　　　　　　　　　한자 :

4. 만두는 느끼해요.　병음 :
　　　　　　　　　　한자 :

5. 귤은 시지 않아요.　병음 :
　　　　　　　　　　한자 :

✳ 아래의 긍정문을 부정문으로 고치세요.

1. 凉菜很咸。
   ➡
   ____

2. 刀鱼很腥。
   ➡
   ____

3. 辣白菜很辣。
   ➡
   ____

4. 饺子很油腻。
   ➡
   ____

5. 梨很甜。
   ➡
   ____

✳ 아래의 병음을 한자로 고치세요.

júzi : ___________________   suān : ___________________

jiǎozi : ___________________   xián : ___________________

liángcài : ___________________   tián : ___________________

làbáicài : ___________________

您是韩国人吗?

nín shì hánguórén ma

당신은 한국인입니까?

学生	xuésheng	명	학생
留学生	liúxuéshēng	명	유학생
韩国人	hánguórén	명	한국인
中国人	zhōngguórén	명	중국인
老师	lǎoshī	명	선생님
班长	bānzhǎng	명	반장
校长	xiàozhǎng	명	교장
我	wǒ	대	나, 저
我们	wǒmen		우리
你	nǐ	대	너, 자네, 당신
你们	nǐmen		너희들
他	tā	대	그, 그 사람, 그이
他们	tāmen		그들
她	tā	대	그 여자, 그녀
她们	tāmen		그녀들
们	men	접미	…들
您	nín	대	당신, 귀하('你'를 높여 부르는 말)
是	shì	동	…이다

1

A 您 是 <u>中 国 人</u> 吗？
nín shì zhōngguórén ma

B 我 是 <u>中 国 人</u>。
wǒ shì zhōngguórén

班长	学生	老师
bānzhǎng	xuésheng	lǎoshī

2

A 他 是 <u>留 学 生</u> 吗？
tā shì liúxuéshēng ma

B 他 不 是 <u>留 学 生</u>。
tā búshì liúxuéshēng

校长	韩国人	学生
xiàozhǎng	hánguórén	xuésheng

3

A 你 们 是 <u>学 生</u> 吗？
nǐmen shì xuésheng ma

B 我 们 不 是 <u>学 生</u>，我 们 是 <u>老 师</u>。
wǒmen búshì xuésheng wǒmen shì lǎoshī

韩国人	中国人
hánguórén	zhōngguórén

A 您 是 中 国 人 吗?
nín shì zhōngguórén ma

B 我 是 中 国 人。
wǒ shì zhōngguórén

A 他 是 中 国 人 吗?
tā shì zhōngguórén ma

B 他 不 是 中 国 人, 他 是 韩 国 人。
tā bú shì zhōngguórén, tā shì hánguórén

A 她 是 学 生 吗?
tā shì xuésheng ma

B 她 不 是 学 生, 她 是 老 师。
tā bú shì xuésheng, tā shì lǎoshī

A 你 是 班 长 吗?
nǐ shì bānzhǎng ma

B 我 是 班 长。
wǒ shì bānzhǎng

A 谁 是 校 长?
shuí shì xiàozhǎng

B 他 是 校 长。
tā shì xiàozhǎng

A 당신은 중국인입니까?
B 저는 중국인입니다.
A 그는 중국인입니까?
B 그는 중국인이 아닙니다. 그는 한국인입니다.
A 그녀는 학생입니까?

B 그녀는 학생이 아닙니다. 그녀는 선생님입니다.
A 당신은 반장입니까?
B 저는 반장입니다.
A 누가 교장선생님입니까?
B 그가 교장선생님입니다.

중국에서 제일 많이 사용하는 말 한마디

A 对 不 起。　미안합니다.
　　duì bu qǐ

B 没 关 系。　괜찮습니다.
　　méi guānxi

A 对 不 起。　미안합니다.
　　duì bu qǐ

B 不 要 紧。　괜찮습니다.
　　bú yào jǐn

A 对 不 起。　미안합니다.
　　duì bu qǐ

B 没 什 么。　괜찮습니다.
　　méi shénme

是를 쓰는 문장 : 是는 동사이고 판단문에서 "…이다"와 같다.

1 긍정문 : A 是 B

> 예 他是中国人。 그는 중국인이다.

2 부정문 : A 不是 B

> 예 他不是中国人。 그는 중국인이 아니다.

3 의문문 : A 是 B 吗?

> 예 他是中国人吗？ 그는 중국인입니까?

学		xué	`` `` ``` ``` `` 学 学 学
學	배울 학		

生		shēng	ノ ト ヒ 牛 生
生	날 생		

留		liú	`` `` ``` ``` `` `` 留 留 留 留
留	머무를 류		

韓		hán	一 十 十 古 古 古 直 卓 卓 卓 乾 韓
韓	나라이름 한		

国	guó	丨冂冂冃冃用国国国							
		国	国	国	国	国			
國 나라 국									

人	rén	丿人							
		人	人	人	人	人			
人 사람 인									

中	zhōng	丨冂口中							
		中	中	中	中	中			
中 가운데 중									

老	lǎo	一十土耂耂老							
		老	老	老	老	老			
老 늙을 로									

师	shī	丿刂firacoin师							
		师	师	师	师	师			
師 스승 사									

| 班 | bān | 一 二 干 王 王 玌 玓 玗 班 班 |
| 班 나눌 반 | | |

| 长 | zhǎng | 丿 二 长 长 |
| 長 어른 장 | | |

| 校 | xiào | 一 十 才 木 杧 杧 栌 栌 栌 校 |
| 校 학교 교 | | |

| 我 | wǒ | 丿 二 于 手 我 我 我 |
| 我 나 아 | | |

| 你 | nǐ | 丿 亻 亻 亻 伱 你 你 |
| 你 너 니 | | |

他	tā	ノ イ 仇 仲 他
他 남 타		

她	tā	く 女 女 如 姉 她
她 그녀 타		

们	men	ノ イ 作 们 们
們 들 문		

您	nín	ノ イ 亻 伩 竹 你 你 你 您 您 您
您 너 이		

是	shì	丨 口 曰 日 旦 早 导 昰 是
是 옳을 시		

❋ **아래의 긍정문을 의문문으로 고치세요.**

1. 我是中国人。
   ➔
   ____

2. 他是学生。
   ➔
   ____

3. 他们是留学生。
   ➔
   ____

4. 我们是老师。
   ➔
   ____

5. 她是班长。
   ➔
   ____

❋ **문장 쓰기에 도전해 보세요.**

1. 당신은 한국인입니까?   병음 : ____________________
                      한자 : ____________________

2. 우리는 유학생입니다.   병음 : ____________________
                      한자 : ____________________

3. 그는 교장이십니다.   병음 : ____________________
                      한자 : ____________________

4. 그녀는 반장입니다.   병음 : ____________________
                      한자 : ____________________

5. 그는 선생님이 아닙니다. 병음 : ____________________
                      한자 : ____________________

● 아래의 긍정문을 부정문으로 고치세요.

1. 我是中国人。
   ➡

2. 他是老师。
   ➡

3. 她是校长。
   ➡

4. 我们是留学生。
   ➡

5. 他是班长。
   ➡

● 아래의 병음을 한자로 고치세요.

xuésheng ：   zhōngguórén ：

liúxuéshēng ：   hánguórén ：

bānzhǎng ：   lǎoshī ：

xiàozhǎng ：   shī ：

你叫什么名字?

nǐ jiào shén me míng zi

당신의 이름은 무엇입니까?

生词

你好	nǐ hǎo	안녕하세요(인사말)
叫	jiào	동 (이름을) …라고하다(부르다)
什么	shénme	대 무엇, 무슨
名字	míngzi	명 이름, 성명
哪国人	nǎ guó rén	어느 나라 사람
贵姓	guìxìng	명 성씨, 상대방의 성을 정중하게 묻는 표현
姓	xìng	명 성(씨)
金韩中	Jīnhánzhōng	인명 김한중(한국인)
王力群	Wánglìqún	인명 중국인
钟珊	Zhōngshān	인명 중국인
妈妈	māma	명 어머니
爸爸	bàba	명 아버지
美国	měiguó	명 미국

1

A 你 叫 什 么 名 字 ?
nǐ jiào shénme míngzi

B 我 叫 <u>金 韩 中</u>。
wǒ jiào <u>Jīnhánzhōng</u>

钟 珊	王 力 群
Zhōngshān	Wánglìqún

2

A 您 是 哪 国 人 ?
nín shì nǎguórén

B 我 是 <u>韩 国 人</u>。
wǒ shì <u>hánguórén</u>

中 国 人	美 国 人
zhōngguórén	měiguórén

3

A 您 贵 姓 ?
nín guìxìng

B 我 姓 <u>金</u>。
wǒ xìng <u>Jīn</u>

王	钟
Wáng	Zhōng

金韩中　您 好。
nínhǎo

王力群　你 好。
nǐ hǎo

金韩中　您 是 哪 国 人？
nín shì nǎguórén

王力群　我 是 中 国 人，你 叫 什 么 名 字？
wǒ shì zhōngguórén, nǐ jiào shénme míngzi

金韩中　我 叫 金 韩 中。
wǒ jiào Jīnhánzhōng

王力群　我 叫 王 力 群，他 是 谁？
wǒ jiào Wánglìqún, tāshìshuí

金韩中　他 是 我 爸 爸，是 韩 国 人，是 校 长。
tā shì wǒ bàba, shì hánguórén, shì xiàozhǎng.

王力群　她 是 谁？
tā shì shuí

金韩中　她 是 我 妈 妈，是 中 国 人，是 老 师。
tā shì wǒ māma, shì zhōngguórén, shì lǎoshī.

王力群　是 吗？
shìma

金　안녕하세요.
王　안녕하세요.
金　당신은 어느 나라 사람입니까?
王　저는 중국인 입니다. 당신의 이름은 무엇입니까?

金　저의 이름은 김한중입니다.
王　저의 이름은 왕력군입니다. 그는 누구입니까?
金　그는 저의 아빠이고 한국인이며 교장입니다.
王　그녀는 누구입니까?
金　그녀는 저의 엄마이고 중국인이며 선생님입니다.
王　그래요?

A 对 不 起, 打 扰 您 了。　페 끼쳐드려 죄송합니다.
　　duì bu qǐ dǎrǎo nín le

B 没 关 系。　괜찮습니다.
　　méi guānxi

A 对 不 起, 麻 烦 你 了。　번거롭게 해드려 죄송합니다.
　　duì bu qǐ, máfan nǐ le

B 哪 里, 哪 里。　천만에요.
　　nǎli, nǎli

A 实 在 抱 歉, 请 原 谅。　정말 죄송합니다. 용서하십시오.
　　shízài bàoqiàn, qǐng yuánliàng

B 不 客 气。　별 말씀을요.
　　bú kèqi

1 의문구: 의문 대명사 什么, 哪를 사용하여 질문하기

⑩ 你叫什么名字？ 당신의 이름은 무엇입니까?

你是哪国人？ 당신은 어느나라 사람입니까?

☑ 의문대명사를 사용하여 질문할 때 어기조사 吗는 필요없다.

你叫什么名字吗？(×)

你是哪国人吗？(×)

2 贵姓과 姓

贵姓은 한자 뜻 그대로 귀한 성씨라는 뜻이다. 때문에 윗사람이나 낯선사람에게 질문할 때 쓰인다.

姓은 자기의 성씨를 말하거나 아랫사람에게 질문할 때 쓰인다.

⑩ 您贵姓？ 당신의 성씨는 무엇입니까?

你姓什么？ 너의 성은 무엇이니?

我姓金。 나의 성은 김씨입니다.

好	hǎo	ㄑ ㄑ ㄑ ㄑ 奵 好 好
		好 好 好 好 好
好 좋을 호		

叫	jiào	ㅣ ㄇ ㅁ 吅 叫
		叫 叫 叫 叫 叫
叫 부르짖을 규		

什	shén	㇒ ㇀ ㇀ 什
什 열사람 십		

么	me	㇒ 厶 么
麼 그런가 마		

名		míng	ノ ク タ タ 名 名
			名 名 名 名 名
名	이름 명		

字		zì	ヽ ゛ ゛ 字 字 字
			字 字 字 字 字
字	글 자		

哪		nǎ	丨 冂 口 叮 叨 叨 哫 哪 哪
			哪 哪 哪 哪 哪
哪	어느 나		

贵		guì	ヽ 冂 口 中 虫 虫 肀 贵 贵
			贵 贵 贵 贵 贵
贵	귀할 귀		

姓		xìng	乚 乆 女 女 女 女 姓 姓
			姓 姓 姓 姓 姓
姓	성씨 성		

金	jīn	ノ 人 人 今 全 全 金 金
金	쇠 금 성씨 김	

王	wáng	一 一 干 王
王	임금 왕	

力	lì	フ 力
力	힘 력	

群	qún	フ ヨ ヨ 尹 君 君 君' 群 群 群 群
群	무리 군	

钟	zhōng	ノ ノ ト ㇏ 钅 钅 钌 钌 钟
鐘	종 종	

珊	shān	ˊ ˊ ˇ 王 玥 珊 珊 珊 珊							
		珊 珊 珊 珊 珊							
珊	산호 산								

妈	mā	ˊ 女 女 妈 妈 妈							
		妈 妈 妈 妈 妈							
媽	어미 마								

爸	bà	ˊ ˋ ˊ 父 父 爷 爷 爸 爸							
		爸 爸 爸 爸 爸							
爸	아비 파								

美	měi	ˋ ˋ ˇ ˇ ˇ 羊 美 美 美							
		美 美 美 美 美							
美	아름다울 미								

❋ **아래의 긍정문을 의문문으로 고치세요.**(의문대명사를 사용하여)

1. 我是中国人。
   ➡ _______________________________________

2. 他是校长。
   ➡ _______________________________________

3. 我叫王力群。
   ➡ _______________________________________

4. 我姓钟。
   ➡ _______________________________________

5. 我爸爸是韩国人。
   ➡ _______________________________________

❋ **문장 쓰기에 도전해 보세요.**

1. 당신은 어느 나라 사람입니까?　병음 : _______________
   　　　　　　　　　　　　　　　한자 : _______________

2. 당신 성씨는 무엇입니까?　　　병음 : _______________
   　　　　　　　　　　　　　　　한자 : _______________

3. 당신 이름은 무엇입니까?　　　병음 : _______________
   　　　　　　　　　　　　　　　한자 : _______________

4. 당신은 누구입니까?　　　　　　병음 : _______________
   　　　　　　　　　　　　　　　한자 : _______________

5. 당신은 어느 나라 학생입니까?　병음 : _______________
   　　　　　　　　　　　　　　　한자 : _______________

❋ 어순에 맞게 배열하세요.

1. 哪　　是　　人　　你　　国
   ➡ ____

2. 什么　　名字　　叫　　你
   ➡ ____

3. 您　　姓　　贵
   ➡ ____

4. 我　　学生　　弟弟　　是
   ➡ ____

5. 谁　　他　　是
   ➡ ____

❋ 아래의 병음을 한자로 고치세요.

nǎguórén : ________________　　bàba : ________________

guìxìng : ________________　　měiguórén : ________________

māma : ________________　　míngzi : ________________

这是我的铅笔。

zhè shì wǒ de qiānbǐ

이것은 나의 연필입니다.

这	zhè	대 이것
那	nà	대 저것
书	shū	명 책
报	bào	명 신문
杂志	zázhì	명 잡지
词典	cídiǎn	명 사전
中文	zhōngwén	명 중국어
韩文	hánwén	명 한글, 한국어
英文	yīngwén	명 영어
的	de	조 한정어의 뒤에 붙음
本子	běnzi	명 노트
钢笔	gāngbǐ	명 펜, 만년필
铅笔	qiānbǐ	명 연필
橡皮	xiàngpí	명 지우개

1

A 这 是 什 么？
zhè shì shénme

B 这 是 书。
zhè shì shū

报	杂志	词典
bào	zázhì	cídiǎn

2

A 那 是 什 么 词 典？
nà shì shénme cídiǎn

B 那 是 英 文 词 典。
nà shì yīngwén cídiǎn

中文	韩文
zhōngwén	hánwén

3

A 这 是 谁 的 铅 笔？
zhè shì shuí de qiānbǐ

B 这 是 我 的 铅 笔。
zhè shì wǒ de qiānbǐ

钢笔	他
gāngbǐ	tā
橡皮	王力群
xiàngpí	Wánglìqún
本子	金韩中
běnzi	Jīnhánzhōng

4

A 谁 是 他 的 老 师？
shuí shì tā de lǎoshī

B 王 力 群 是 他 的 老 师。
Wánglìqún shì tā de lǎoshī

你	金老师
nǐ	Jīnlǎoshī
她	王老师
tā	Wánglǎoshī

회화1

A 这 是 什 么 ？
zhè shì shénme

B 这 是 杂 志。
zhè shì zázhì

A 这 是 什 么 杂 志？
zhè shì shénme zázhì

B 这 是 中 文 杂 志。
zhè shì zhōngwén zázhì

A 这 是 谁 的 中 文 杂 志？
zhè shì shuí de zhōngwén zázhì

B 这 是 金 韩 中 的 中 文 杂 志。
zhè shì Jīnhánzhōng de zhōngwén zázhì

회화2

A 那 是 什 么 ？
nà shì shénme

B 那 是 书。
nà shì shū

A 那 是 中 文 书 吗 ？
nà shì zhōngwén shū ma

B 那 不 是 中 文 书，那 是 韩 文 书。
nà bú shì zhōngwén shū, nà shì hánwén shū

A 那 是 谁 的 韩 文 书 ？
nà shì shuí de hánwén shū

B 那 是 王 力 群 的 韩 文 书。
nà shì Wánglìqún de hánwén shū

A 이것은 무엇입니까?
B 이것은 잡지입니다.
A 이것은 무슨 잡지입니까?
B 이것은 중문잡지입니다.
A 이것은 누구의 중문잡지입니까?
B 이것은 김한중의 중문잡지입니다.

A 저것은 무엇입니까?
B 저것은 책입니다.
A 저것은 중문책입니까?
B 저것은 중문책이 아닙니다. 저것은 한글책입니다.
A 저것은 누구의 한글책입니까?
B 저것은 왕력군의 한글책입니다.

중국에서 제일 많이 사용하는 말 한마디

A 对 不 起, 让 你 久 等 了。 오래 기다리게 해서 죄송합니다.
dùi bu qǐ, ràng nǐ jiǔ děng le

B 没 什 么。 괜찮습니다.
méi shénme

A 对 不 起, 我 来 晚 了。 늦어서 죄송합니다.
duì bu qǐ, wǒ lái wǎn le

B 没 关 系。 괜찮습니다.
méi guānxi

1 한정어

한정어는 주로 명사를 꾸며준다. 꾸밈을 받는 성분을 중심어라고 하며 명사, 대명사, 형용사 등 모두 한정어가 될 수 있다. 한정어는 반드시 중심어 앞에 놓여야 한다.

> 1. 这是<u>中文</u>杂志。 이것은 중문잡지이다.
> 2. 他是<u>我们的</u>老师。 그는 우리의 선생님이시다.
> 3. 他是<u>好</u>爸爸。 그는 좋은 아빠이시다.

2 구조조사 的

명사, 대명사가 한정어로 되어 소속관계를 나타낼 때에는 한정어와 중심어 사이에 구조조사 的를 붙인다.

> 1. 这是我的词典。 이것은 나의 사전이다.
> 2. 那是我的铅笔。 저것은 나의 연필이다.

☑ 인칭대명사가 한정어로 될 때 중심어가 집단, 단위 혹은 친족 등을 나타내는 명사이면 한정어 뒤에 的를 붙이지 않아도 된다.

> 1. 他是我爸爸。 그이는 우리 아빠다.
> 2. 他是我们老师。 그이는 우리 선생님이다.
> 3. 那是我们学校。 저것은 우리 학교이다.

3 中文，汉语，汉字

汉语：汉语는 중국 각 민족이 공동으로 사용하는 언어이다.
中文：中文은 보통 汉语의 서면형식 또는 중국문학을 가르킨다.
汉字：汉字는 汉语의 문자이다.

| 这 | zhè | 丶 亠 亠 文 文 边 这 |
| 這 이 저 | | |

| 那 | nà | 了 ヨ ヨ 那 那 那 |
| 那 저 나 | | |

| 报 | bào | 一 十 扌 扌 扩 报 报 |
| 報 알릴 보 | | |

| 杂 | zá | 丿 九 九 杂 杂 杂 |
| 雜 섞일 잡 | | |

志	zhì	一 十 士 ま 志 志 志						
		志 志 志 志 志						
志 뜻 지								

词	cí	` 讠 订 词 词 词 词						
		词 词 词 词 词						
詞 말 사								

典	diǎn	丨 冂 曰 由 曲 曲 典 典						
		典 典 典 典 典						
典 법 전								

文	wén	` 一 ナ 文						
		文 文 文 文 文						
文 글월 문								

英	yīng	一 十 サ 苪 苩 苗 英 英						
		英 英 英 英 英						
英 꽃부리 영								

| 的 | de | ´ ′ ′ ′ ′ 自 自 自 的 的 | | | | | |
| 的 过녁 적 | | | | | | | |

| 本 | běn | 一 十 才 木 本 | | | | | |
| 本 근본 본 | | | | | | | |

| 钢 | gāng | ノ ノ ∠ ∠ ∠ 钅 钅 钔 钢 钢 | | | | | |
| 鋼 강철 강 | | | | | | | |

| 笔 | bǐ | ノ ノ ∠ ∠ ∠ ∠ ∠ 竺 竺 笔 | | | | | |
| 筆 붓 필 | | | | | | | |

| 铅 | qiān | ノ ノ ∠ ∠ ∠ 钅 钐 钐 铅 铅 | | | | | |
| 鉛 납 연 | | | | | | | |

橡	xiàng	十 木 术 术 栌 栌 栌 桁 椊 椊 椊 橡				
		橡 橡 橡 橡 橡				
橡	상수리 나무 상					

皮	pí	ㄱ 广 广 皮 皮				
		皮 皮 皮 皮 皮				
皮	가죽 피					

练习 연습

아래의 밑줄 친 부분에 근거해서 의문대명사를 써서 질문하시오.

1. 这是<u>报</u>。

   ──────────────────────────────

2. 这是<u>韩文</u>词典。

   ──────────────────────────────

3. 那是<u>我</u>的钢笔。

   ──────────────────────────────

4. 那是<u>杂志</u>。

   ──────────────────────────────

5. <u>他</u>是我们的老师。

   ──────────────────────────────

문장 쓰기에 도전해 보세요.

1. 당신의 선생님은 누구입니까? 병음 : ________________

   한자 : ________________

2. 이것은 나의 지우개입니다. 병음 : ________________

   한자 : ________________

3. 저것은 누구의 펜입니까? 병음 : ________________

   한자 : ________________

4. 저것은 중국어 책입니다. 병음 : ________________

   한자 : ________________

5. 이것은 영어신문입니까? 병음 : ________________

   한자 : ________________

* 어순에 맞게 배열하세요.

1. 是   我   这   的   钢笔
➡ ______________________________

2. 那   谁   是   杂志   的
➡ ______________________________

3. 他   谁   的   是   老师
➡ ______________________________

4. 是   他   的   我   老师   中文
➡ ______________________________

5. 是   这   词典   什么
➡ ______________________________

* 아래의 병음을 한자로 고치세요.

zhōngwén : ________________   gāngbǐ : ________________

hánwén : ________________   qiānbǐ : ________________

yīngwén : ________________   běnzi : ________________

zázhì : ________________

你家有几口人?

nǐ jiā yǒu jǐ kǒu rén

당신 집의 식구는 몇 명입니까?

有	yǒu	동 있다(소유와 존재를 나타냄)
家	jiā	명 집
口	kǒu	양 식구(식구를 셀 때 쓰임)
没有	méiyǒu	동 없다, 가지고 있지 않다(소유의 부정을 나타냄)
个	ge	양 개, 명, 사람(주로 전용 양사가 없는 명사에 두루 쓰이며, 전용 양사가 있는 명사에도 쓰일 수 있음)
几	jǐ	수 몇(주로 10 이하의 확실하지 않은 수를 물을 때 쓰임)
张	zhāng	양 장(종이, 모피, 책상, 침대 따위의 넓은 표면을 가진 것을 세는 단위)
本	běn	양 권(책을 세는 단위)
把	bǎ	양 자루가 있는 기구를 세는 양사(의자, 칼, 총, 우산 등을 세는 단위)
支	zhī	양 자루(가늘고 긴 물건을 세는 단위)
床	chuáng	명 침대
桌子	zhuōzi	명 탁자, 테이블, 책상
画	huà	명 그림
地图	dìtú	명 지도
椅子	yǐzi	명 의자
朋友	péngyou	명 친구
两	liǎng	수 둘

1

A　你 有 钢笔 吗？
　nǐ　yǒu　gāngbǐ　ma

B　我 没 有 钢笔。
　wǒ　méiyǒu　gāngbǐ

铅笔	橡皮	本子
qiānbǐ	xiàngpí	běnzi

2

A　她 有 中文 词典 吗？
　tā　yǒu　zhōngwén　cídiǎn　ma

B　她 没有 中文 词典，
　tā　méiyǒu　zhōngwén　cídiǎn

　她 有 英文 词典。
　tā　yǒu　yīngwén　cídiǎn

韩文杂志	中文杂志
hánwénzázhì	zhōngwénzázhì
中文书	英文书
zhōngwénshū	yīngwénshū

3

A　你 有 几 个 朋友？
　nǐ　yǒu　jǐ　ge　péngyou

B　我 有 九 个 朋友。
　wǒ　yǒu　jiǔ　ge　péngyou

一	两	三
yí	liǎng	sān
姐姐	弟弟	本子
jiějie	dìdi	běnzi

4

A　这 是 几 张 地图？
　zhè　shì　jǐ　zhāng　dìtú

B　这 是 五 张 地图。
　zhè　shì　wǔ　zhāng　dìtú

八	十	两	一
bā	shí	liǎng	yì
报	画	桌子	床
bào	huà	zhuōzi	chuáng

5

A　你 有 几 支 钢笔？
　nǐ　yǒu　jǐ　zhī　gāngbǐ

B　我 有 一 支 钢笔。
　wǒ　yǒu　yì　zhī　gāngbǐ

把	张	本	个
bǎ	zhāng	běn	ge
椅子	床	书	本子
yǐzi	chuáng	shū	běnzi

회화1

A 你 家 有 几 口 人？
nǐ jiā yǒu jǐ kǒu rén

B 我 家 有 四 口 人。
wǒ jiā yǒu sì kǒu rén

A 你 有 弟 弟 吗？
nǐ yǒu dìdi ma

B 我 有 一 个 弟 弟。
wǒ yǒu yí ge dìdi

A 他 是 学 生 吗？
tā shì xuésheng ma

B 他 是 学 生。
tā shì xuésheng

A 당신 집의 식구는 몇 명입니까?
B 저희 집의 식구는 4명입니다.
A 당신 남동생 있습니까?
B 저는 남동생이 한명있습니다.
A 그는 학생입니까?
B 그는 학생입니다.

A 这 是 几 张 桌 子?
zhè shì jǐ zhāng zhuōzi

B 这 是 七 张 桌 子。
zhè shì qī zhāng zhuōzi

A 那 是 几 把 椅 子?
nà shì jǐ bǎ yǐzi

B 那 是 八 把 椅 子。
nà shì bā bǎ yǐzi

A 你 有 几 支 铅 笔?
nǐ yǒu jǐ zhī qiānbǐ

B 我 有 四 支 铅 笔。
wǒ yǒu sì zhī qiānbǐ

A 他 有 几 个 朋 友?
tā yǒu jǐ ge péngyou

B 他 有 九 个 朋 友。
tā yǒu jiǔ ge péngyou

A 이것은 몇 개의 탁자입니까?
B 이것은 7개의 탁자입니다.
A 저것은 몇 개의 의자입니까?
B 저것은 8개의 의자입니다.
A 당신 몇 자루의 연필을 가지고 있습니까?
B 저는 4자루의 연필을 가지고 있습니다.
A 그는 몇 명의 친구가 있습니까?
B 그는 9명의 친구가 있습니다.

A 请 问, 邮 局 在 哪 儿 ？ 실례합니다, 우체국이 어디에 있지요?
qǐngwèn,　　yóujú　zài　　nǎr

B 在 右 边 。 오른쪽에 있습니다.
zài　yòubiān

A 劳 驾 , 银 行 怎 么 走 ？ 실례합니다, 은행은 어떻게 가지요?
láojià,　　yínháng　zěnme　zǒu

B 一 直 往 前 走 。 앞으로 쭉 가세요.
yìzhí　　wǎng qián zǒu

语 法 │ yǔfǎ 문법

1 有를 쓰는 文

有를 쓰는 문장의 술어는 동사 有와 그의 목적어다. 有는 소유를 나타낸다.

예 1. 他有钢笔。 그는 만년필이 있다.

　　2. 他有本子。 그는 노트가 있다.

有를 쓰는 문장의 부정형은 有의 앞에 没를 쓴다.

✓ 有를 쓰는 문장의 부정형은 没有이지 不有가 아니다.

예 1. 他没有钢笔。 그는 만년필이 없다.

　　2. 他没有本子。 그는 노트가 없다.

2 숫자

숫자 0 1 2 3 4 5 6 7 8 9 10… 은 중국어에서 아래와 같이 읽는다.

líng	yī	èr	sān	sì	wǔ	liù	qī	bā	jiǔ	shí
○	一	二	三	四	五	六	七	八	九	十

shíyī	shíèr	èrshíyī	jiǔshíjiǔ	yìbǎi
十一	十二 …	二十一 …	九十九	一百

3 一의 성조변화

1. 一는 원래 제1성이다. 단독으로 읽을 때나 순서를 나타낼 때는 1성으로 읽는다.
   예 第一课(dì yī kè)
2. 제1성, 제2성, 제3성의 앞에서는 4성으로 읽는다.
   예 一张(yì zhāng), 一台(yì tái), 一本(yì běn)
3. 제4성, 경성 앞에서는 2성으로 읽는다.
   예 一片(yí piàn), 一个(yí ge)

4 二와 两

한국에서는 숫자를 나타내는 용어가 일, 이, 삼, 사 … 가 있고, 또 하나, 둘, 셋 … 이 있지만 중국에서는 一, 二, 三, 四 … 밖에 없다. 다만 二만 양사 앞에서는 两으로 바꿔야 한다.
즉 '이'는 '二'이고 '둘'은 '两'이다.
예 二本杂志。(×)   两本杂志。(○)

5 의문대명사 几

10 미만의 수를 질문할 때는 보통 几를 쓴다. 几는 수사를 대신하기 때문에 几와 명사 사이에는 양사를 꼭 붙인다.
예 这是几个本子？ 이것은 몇 권의 노트입니까?
   你有几支钢笔？ 당신은 몇 자루의 만년필이 있습니까?

○	líng	○						

| 一 | yī | 一 | | | | | | |
| | 한 일 | | | | | | | |

| 二 | èr | ⁻ 二 | | | | | | |
| | 둘 이 | | | | | | | |

| 三 | sān | ⁻ ⁼ 三 | | | | | | |
| | 석 삼 | | | | | | | |

| 四 | sì | 丨 冂 冂 四 四 | | | | | | |
| | 넷 사 | | | | | | | |

| 五 | wǔ | ⁻ 丁 五 五 | | | | | | |
| | 다섯 오 | | | | | | | |

六	liù	`丶 亠 亠 六						
	여섯 육							

七	qī	一 七							
	일곱 칠							

八	bā	丿 八							
	여덟 팔							

九	jiǔ	丿 九							
	아홉 구							

十	shí	一 十							
	열 십							

有	yǒu	一 ナ ナ 冇 有 有					
		有 有 有 有 有					
有 있을 유							

家	jiā	丶 丷 宀 宀 宁 宇 冢 家 家 家					
		家 家 家 家 家					
家 집 가							

口	kǒu	丨 冂 口					
		口 口 口 口 口					
口 입 구							

没	méi	丶 丶 氵 沪 沪 没 没					
		没 没 没 没 没					
沒 없을 몰							

个	gè	丿 人 个					
		个 个 个 个 个					
個 낱 개							

几	jǐ	ノ几								
幾	얼마 기									

张	zhāng	゛゛弓弓゛弘 张 张								
張	베풀 장									

把	bǎ	一十才扚扚把把								
把	잡을 파									

支	zhī	一十す支								
支	가지 지									

床	chuáng	丶丶广广疒庁床								
床	평상 상									

| 桌 | zhuō | ⌐ ⌐ ⌐ 占 占 卓 卓 卓 桌 |
| 桌 | 탁자 탁 | |

| 地 | dì | 一 十 土 圵 地 地 |
| 地 | 땅 지 | |

| 图 | tú | 丨 冂 门 冈 冈 图 图 图 |
| 圖 | 그림 도 | |

| 椅 | yǐ | 十 才 木 朾 栌 栌 梼 梼 椅 |
| 椅 | 걸상 의 | |

| 朋 | péng | 丿 刀 月 月 刖 朋 朋 朋 |
| 朋 | 벗 붕 | |

| 友 | yǒu | 一 ナ 方 友 | | | | | | | |
| 友 벗 우 | | | | | | | | | |

| 两 | liǎng | 一 丆 冂 丙 丙 两 两 | | | | | | | |
| 两 둘 량 | | | | | | | | | |

❋ **아래의 긍정문을 의문문으로 고치세요.**

1. 这是三支钢笔。

2. 我家有五口人。

3. 那是五把椅子。

4. 我有六个朋友。

5. 那是我的床。

❋ **문장 쓰기에 도전해 보세요.**

1. 당신 집의 식구는 몇 명입니까?   병음 :
   한자 :

2. 나는 남동생이 하나 있습니다.   병음 :
   한자 :

3. 그녀는 두 자루의 만년필이 있습니다.   병음 :
   한자 :

4. 이것은 내 친구의 사전입니다.   병음 :
   한자 :

5. 저 의자는 선생님의 의자입니다.   병음 :
   한자 :

● 어순에 맞게 배열하세요.

1. 有　你　口　几　家　人
   →
   ____

2. 是　那　弟弟　我　的　本子
   →
   ____

3. 五　我　朋友　个　有
   →
   ____

4. 没　有　我　中文　词典
   →
   ____

5. 你　有　本　几　词典
   →
   ____

● 아래의 병음을 한자로 고치세요.

péngyou : _______________　　zhuōzi : _______________

méiyǒu : _______________　　yǐzi : _______________

dìtú : _______________　　chuáng : _______________

dìdi : _______________　　zhāng : _______________

这个汉字难吗？

zhè ge hànzì nán ma

이 한자는 어렵습니까?

教室	jiàoshì	명 교실
大	dà	형 크다
小	xiǎo	형 작다
干净	gānjìng	형 깨끗하다
脏	zāng	형 더럽다
太	tài	부 아주, 매우, 대단히, 극히
难	nán	형 어렵다
容易	róngyì	형 쉽다
宿舍	sùshè	명 기숙사
多	duō	형 많다
少	shǎo	형 적다
忙	máng	형 바쁘다
也	yě	부 …도 또한, 그리고 또
好	hǎo	형 좋다
汉字	hànzì	명 한자
生词	shēng cí	명 새 단어

1

A 你 的 铅笔 多 吗？
nǐ de qiānbǐ duō ma

B 我 的 铅笔 很 多。
wǒ de qiānbǐ hěn duō

床 chuáng	大 dà
朋友 péngyou	多 duō

2

A 这 个 教室 大 吗？
zhè ge jiàoshì dà ma

B 这 个 教室 不 大。
zhè ge jiàoshì bú dà

本子 běnzi	好 hǎo
生词 shēngcí	容易 róngyì
宿舍 sùshè	干净 gānjìng

3

A 你 忙 吗？
nǐ máng ma

B 我 不 太 忙。
wǒ bú tài máng

班长 bānzhǎng	校长 xiàozhǎng	老师 lǎoshī

4

A 这 个 教室 大，
zhè ge jiàoshì dà

那 个 教室 小。
nà ge jiàoshì xiǎo

汉字 hànzì	难 nán	容易 róngyì
本子 běnzi	好 hǎo	不好 bùhǎo
宿舍 sùshè	干净 gānjìng	脏 zāng

5

A 这 张 地图 很 大，
zhè zhāng dìtú hěn dà

那 张 地图 也 很 大。
nà zhāng dìtú yě hěn dà

画 huà	干净 gānjìng
床 chuáng	好 hǎo

A 你 忙 吗？
nǐ máng ma

B 我 不 太 忙。
wǒ bú tài máng

A 你 有 中 文 书 吗？
nǐ yǒu zhōngwén shū ma

B 我 有 很 多 中 文 书。
wǒ yǒu hěn duō zhōngwén shū

A 你 们 的 教 室 大 吗？
nǐmen de jiàoshì dà ma

B 我 们 的 教 室 很 大。
wǒmen de jiàoshì hěn dà

A 学 生 多 吗？
xuésheng duō ma

B 学 生 不 多，也 不 少，有 二 十 个 学 生。
xuésheng bù duō, yě bù shǎo, yǒu èrshí ge xuésheng

A 汉 字 难 吗？
hànzì nán ma

B 汉 字 不 太 难，也 不 太 容 易。
hànzì bú tài nán, yě bú tài róngyì

A 你 们 的 宿 舍 干 净 吗？
nǐmen de sùshè gānjìng ma

B 不 太 干 净，她 的 宿 舍 干 净。
bú tài gānjìng, tā de sùshè gānjìng

A 당신 바쁩니까?

B 저는 별로 바쁘지 않습니다.

A 당신 중문책 있습니까?

B 저는 많은 중문책을 가지고 있습니다.

A 당신네 교실은 큽니까?

B 우리의 교실은 큽니다.

A 학생은 많습니까?

B 학생은 많지 않습니다. 또한 적지도 않습니다. 20명이 있습니다.

A 한자는 어렵습니까?

B 한자는 별로 어렵지 않습니다. 또한 쉽지도 않습니다.

A 당신네 기숙사는 깨끗합니까?

B 별로 깨끗하지 않습니다. 그녀의 기숙사가 깨끗합니다.

중국에서 제일 많이 사용하는 말 한마디

A 有 没 有 菜 单 ? 메뉴가 있습니까?
yǒuméiyǒu　　càidān

B 有。 있습니다.
yǒu

A 你 要 点 什 么 ? 당신은 무엇을 드시겠습니까?
nǐ　yào diǎn shénme

B 请 稍 等。 잠깐만 기다리세요.
qǐng shāo děng

1 형용사 文

긍정문에서 보통 부사 很을 형용사 앞에 붙인다. 이 경우에 很은 정도를 나타내는 의미가 명료하지 않고 습관적으로 쓰이고 있다. 만약 很을 쓰지 않고 형용사가 단독적으로 쓸 때에는 보통 비교를 나타낸다.

예 1. 这个本子大，那个本子小。 이 노트는 작고 저 노트는 크다.
　　2. 这个宿舍干净，那个宿舍脏。 이 기숙사는 깨끗하고 저 기숙사는 지저분하다.

2 지시대명사가 한정어로 될 때

지시대명사 这, 那, 哪가 한정어로 될 때: 지시대명사와 명사 사이에 꼭 양사를 쓴다.

예 这本书很好。 이 책은 좋다.

教	jiào	一 十 土 耂 耂 考 孝 孝 教 教 教
教 가르칠 교		

室	shì	` ´ 宀 宁 宁 宏 宏 室 室
室 집 실		

大	dà	一 ナ 大
大 큰 대		

小	xiǎo	⺌ 小 小
小 작을 소		

| 干 | gān | 一 二 干 | | | | | | | |
| 乾 마를 건 | | 干 | 干 | 干 | 干 | 干 | | | |

| 净 | jìng | 丶 冫 冫 冫 冷 冷 浄 净 | | | | | | | |
| 淨 깨끗할 정 | | 净 | 净 | 净 | 净 | 净 | | | |

| 脏 | zāng | 丿 刀 月 月 月 月 庁 庁 庁 脏 脏 | | | | | | | |
| 臟 오장 장 | | 脏 | 脏 | 脏 | 脏 | 脏 | | | |

| 太 | tài | 一 ナ 大 太 | | | | | | | |
| 太 클 태 | | 太 | 太 | 太 | 太 | 太 | | | |

| 难 | nán | 丁 又 又 对 对 难 难 难 难 难 | | | | | | | |
| 難 어려울 난 | | 难 | 难 | 难 | 难 | 难 | | | |

容	róng	､ ､ 宀 宀 宀 宀 突 突 容 容					
		容 容 容 容 容					
容	받아들일 용						

易	yì	ｌ 冂 日 日 旦 舄 易 易					
		易 易 易 易 易					
易	쉬울 이						

宿	sù	､ ､ 宀 宀 宀 宀 疒 疒 宿 宿 宿					
		宿 宿 宿 宿 宿					
宿	묵을 숙						

舍	shè	ノ 人 亼 亽 仐 舍 舍 舍					
		舍 舍 舍 舍 舍					
舍	집 사						

多	duō	ノ ク 夕 夕 多 多					
		多 多 多 多 多					
多	많을 다						

少	shǎo	丨 丨 小 少							
少 적을 소									

忙	máng	丶 丶 忄 忙 忙 忙							
忙 바쁠 망									

也	yě	丁 也 也							
也 어조사 야									

汉	hàn	丶 丶 氵 汀 汉							
漢 한수 한									

❋ **아래의 긍정문을 의문문으로 고치세요.**

1. 这个汉字很难。
   ➡ ____

2. 我们的宿舍很干净。
   ➡ ____

3. 我们的教室很大。
   ➡ ____

4. 那个生词很容易。
   ➡ ____

5. 那本词典很好。
   ➡ ____

❋ **문장 쓰기에 도전해 보세요.**

1. 우리 집은 깨끗하고 또한 크다.　　병음 : ____________________
　　　　　　　　　　　　　　　　한자 : ____________________

2. 우리 집은 많은 책이 있다.　　　　병음 : ____________________
　　　　　　　　　　　　　　　　한자 : ____________________

3. 이 한자는 별로 어렵지 않다.　　　병음 : ____________________
　　　　　　　　　　　　　　　　한자 : ____________________

4. 우리 교실에는 10개의 책상이 있다.　병음 : ____________________
　　　　　　　　　　　　　　　　한자 : ____________________

5. 이 의자는 깨끗하지 않다.　　　　　병음 : ____________________
　　　　　　　　　　　　　　　　한자 : ____________________

✺ 아래의 긍정문을 부정으로 고치세요.

1. 这本中文书很好。
   ➡
   ____

2. 我们的教室很大。
   ➡
   ____

3. 这个宿舍很干净。
   ➡
   ____

4. 那个汉字很难。
   ➡
   ____

5. 我有很多中文书。
   ➡
   ____

✺ 아래의 병음을 한자로 고치세요.

shǎo : ______________________   duō : ______________________

xiǎo : ______________________   dà : ______________________

máng : ______________________   sùshè : ______________________

zāng : ______________________   jiàoshì : ______________________

你姐姐漂亮不漂亮?

nǐ jiějie piàoliàng bu piàoliàng

너의 누나는 예쁘니?

漂亮	piàoliang	형 아름답다, 예쁘다
贵	guì	형 (값이)비싸다
便宜	piányi	형 (값이)싸다
努力	nǔlì	동 노력하다
电视机	diànshìjī	명 TV수상기
电话机	diànhuàjī	명 전화기
电脑	diànnǎo	명 컴퓨터
胖	pàng	형 뚱뚱하다
瘦	shòu	형 마르다, 여위다
学校	xuéxiào	명 학교
台	tái	양 대, 편, 회, 차례(기계, 차량 따위나 연극의 공연 횟수 따위를 셀 때 씀)
新	xīn	형 새로운
旧	jiù	형 옛날의, 낡은
男	nán	명 남자

1

A 你 们 的 <u>学 校</u> <u>大</u> 不 <u>大</u>？
nǐmen de xuéxiào dàbudà

B 我 们 的 <u>学 校</u> 很 <u>大</u>。
wǒmen de xuéxiào hěn dà

老师 lǎoshī	漂亮 piàoliàng
教室 jiàoshì	旧 jiù
宿舍 sùshè	干净 gānjìng

2

A 这 台 <u>电 视 机</u> <u>贵</u> 不 <u>贵</u>？
zhè tái diànshìjī guìbuguì

B 这 台 <u>电 视 机</u> 不 太 <u>贵</u>。
zhè tái diànshìjī bú tài guì

电话机 diànhuàjī	便宜 piányi
电脑 diànnǎo	新 xīn

3

A 你 <u>朋 友</u> <u>胖</u> 不 <u>胖</u>？
nǐ péngyou pàngbupàng

B 我 <u>朋 友</u> 很 <u>胖</u>。
wǒ péngyou hěn pàng

哥哥 gēge	瘦 shòu
姐姐 jiějie	漂亮 piàoliàng
妹妹 mèimei	努力 nǔlì

4

A 你 的 <u>老 师</u> 是 不 是
nǐ de lǎoshī shìbushì

<u>中 国 人</u>？
zhōngguórén

B 我 的 <u>老 师</u> 不 是 <u>中 国 人</u>。
wǒ de lǎoshī bú shì zhōngguórén

妈妈 māma	韩国人 hánguórén
朋友 péngyou	留学生 liúxuéshēng
弟弟 dìdi	学生 xuésheng

5

A 你 有 没 有 <u>中 文 杂 志</u>？
nǐ yǒuméiyǒu zhōngwén zázhì

B 我 没 有 <u>中 文 杂 志</u>。
wǒ méiyǒu zhōngwén zázhì

中国地图 zhōngguó dìtú
韩中词典 hánzhōngcídiǎn

회화1

A 你 们 的 学 校 大 不 大？
nǐmen de xuéxiào dà bu dà

B 我 们 的 学 校 很 大。
wǒmen de xuéxiào hěn dà

A 你 们 的 教 室 干 净 不 干 净？
nǐmen de jiàoshì gānjìng bu gānjìng

B 我 们 的 教 室 很 干 净。
wǒmen de jiàoshì hěn gānjìng

A 你 们 的 老 师 漂 亮 不 漂 亮？
nǐmen de lǎoshī piàoliàng bu piàoliàng

B 我 们 的 老 师 很 漂 亮。
wǒmen de lǎoshī hěn piàoliàng

A 你 们 的 老 师 是 不 是 韩 国 人？
nǐmen de lǎoshī shì bu shì hánguórén

B 我 们 的 老 师 不 是 韩 国 人，是 中 国 人。
wǒmen de lǎoshī bú shì hánguórén, shì zhōngguórén

A 汉 语 难 不 难？
hànyǔ nán bu nán

B 汉 语 不 太 难，也 不 太 容 易。
hànyǔ bú tài nán, yě bú tài róngyì

A 你 有 没 有 姐 姐？
nǐ yǒu méi yǒu jiějie

B 我 有 一 个 姐 姐。
wǒ yǒu yí ge jiějie

A 她 漂 亮 吗？
tā piàoliàng ma

B 很 漂 亮。
hěn piàoliàng

A 她 有 没 有 男 朋 友？
tā yǒu méi yǒu nán péngyou

B 她 有 男 朋 友, 是 大 学 生。
tā yǒu nán péngyou, shì dàxuéshēng

A 他 是 不 是 留 学 生？
tā shì bu shì liúxuéshēng

B 他 不 是 留 学 生, 他 是 韩 国 学 生。
tā bú shì liúxuéshēng, tā shì hánguó xuésheng

A 당신네 학교는 큽니까, 크지 않습니까?
B 우리의 학교는 큽니다.
A 당신네 교실은 깨끗합니까, 깨끗하지 않습니까?
B 우리의 교실은 깨끗합니다.
A 당신네 선생님은 예쁩니까, 예쁘지 않습니까?
B 우리의 선생님은 예쁩니다.
A 당신네 선생님은 한국인입니까?
B 우리의 선생님은 한국인이 아닙니다. 중국인입니다.
A 중국어는 어렵습니까, 안 어렵습니까?
B 중국어는 별로 어렵지 않고 또한 별로 쉽지도 않습니다.

A 당신 누나 있습니까?
B 저는 누나가 한명 있습니다.
A 그녀는 이쁩니까?
B 이쁩니다.
A 그녀는 남자친구 있습니까?
B 그녀는 남자친구가 있습니다. 그는 대학생 입니다.
A 그는 유학생입니까?
B 그는 유학생이 아닙니다. 그는 한국 학생 입니다.

중국에서 제일 많이 사용하는 말 한마디

A 请 帮 我 忙。 저를 좀 도와주세요.
qǐng bāng wǒ máng

B 可 以。 그러죠.
kěyǐ

A 拜 托 了。 부탁드립니다.
bàituō le

B 请 放 心。 걱정하지 마세요.
qǐng fàngxīn

1 반복의문문

술어 중 주요성분의 긍정형과 부정형을 병렬시켜 의문을 나타내는 의문문을 반복 의문문이라 한다.

예 1. 你们的宿舍干净不干净？

2. 他是不是校长？

3. 你有没有中文书？

是를 쓰는 문장과 有를 쓰는 문장은 반복의문문으로 질문할 때 아래와 같이 질문 해도 된다.

예 1. 他是校长不是？

2. 你有中文书没有？

| 漂 | piào | 氵 氵 氵 氵 澿 澿 澿 漂 漂 漂 |
| 漂 | 떠돌 표 | |

| 亮 | liàng | 、 亠 亠 亠 古 卢 卢 亭 亮 |
| 亮 | 밝을 량 | |

| 便 | pián | 丿 亻 亻 亻 仁 仁 佰 便 便 |
| 便 | 편할 편 | |

| 宜 | yí | 、 丷 宀 宀 宀 宜 宜 宜 |
| 宜 | 마땅할 의 | |

努	nǔ	ㄑ 女 女 奴 奴 努 努
		努 努 努 努 努
努 힘쓸 노		

电	diàn	丨 冂 曰 曰 电
		电 电 电 电 电
電 번개 전		

视	shì	丶 ㇇ 礻 礻 礻 初 视 视
		视 视 视 视 视
視 볼 시		

机	jī	一 十 才 木 机 机
		机 机 机 机 机
機 틀 기		

话	huà	` 讠 讠 讠 许 许 话 话
	话 话 话 话 话
話 말씀 화	

脑	nǎo	丿 刀 月 月 月 ` 脃 脃 脑 脑 脑
	脑 脑 脑 脑 脑
腦 뇌 뇌	

胖	pàng	丿 刀 月 月 月 月 ` 肝 胖 胖
	胖 胖 胖 胖 胖
胖 살찌다 반	

瘦	shòu	亠 广 疒 疒 疒 疒 疖 疖 瘦 瘦 瘦
	瘦 瘦 瘦 瘦 瘦
瘦 여위다 수	

台	tái	厶 厶 台 台 台
	台 台 台 台 台
臺 대 대	

新		xīn	丶 亠 ㇒ 立 立 辛 辛 亲 亲 亲 新 新 新				
			新 新 新 新 新			
新	새 신						

旧		jiù	丨 丨 𠃌 旧 旧				
			旧 旧 旧 旧 旧			
舊	옛 구						

男		nán	丨 冂 日 甲 田 罒 男				
			男 男 男 男 男			
男	사내 남						

* **아래의 긍정문을 반복의문문으로 고치세요.**

    1. 我们的学校很大。

    2. 我有中国朋友。

    3. 他是韩国人。

    4. 他姐姐很漂亮。

    5. 他哥哥很胖。

* **문장 쓰기에 도전해 보세요.**

    1. 이 텔레비전은 별로 비싸지 않다.   병음 :
                                         한자 :

    2. 그녀의 언니는 예쁘다.   병음 :
                              한자 :

    3. 그는 너무 여위었다.   병음 :
                            한자 :

    4. 이 컴퓨터는 좋다.   병음 :
                          한자 :

    5. 너의 친구는 많니?   병음 :
                          한자 :

❋ 의문문을 긍정문으로 고치세요.

1. 这台电话机好不好？
　➡ _______________________________

2. 他是不是你的朋友？
　➡ _______________________________

3. 你有没有中国地图？
　➡ _______________________________

4. 你的铅笔多不多？
　➡ _______________________________

5. 你姐姐漂亮不漂亮？
　➡ _______________________________

❋ 아래의 병음을 한자로 고치세요.

xuéxiào : _______________　　　diànnǎo : _______________

xuésheng : _______________　　　diànshìjī : _______________

piàoliàng : _______________　　　guǐ : _______________

pàng : _______________　　　shòu : _______________

我学习汉语。

wǒ xuéxí hànyǔ

나는 중국어를 공부합니다.

学习	xuéxí	동 학습하다, 공부하다
看	kàn	동 보다
复习	fùxí	동 복습하다
预习	yùxí	동 예습하다
说	shuō	동 말하다
工作	gōngzuò	동 일하다
练习	liànxí	동 연습하다
早上	zǎoshang	명 아침
晚上	wǎnshang	명 저녁
作	zuò	동 실행하다, 하다
篮球	lánqiú	명 농구
排球	páiqiú	명 배구
去	qù	동 가다
新课	xīnkè	명 새(로운) 과
旧课	jiùkè	명 지난 과
打	dǎ	동 치다, 때리다

1

A 你 们 作 什 么？
nǐmen　zuò shénme

B 我 们 <u>学 习</u>。
wǒmen　<u>xuéxí</u>

复习	预习	工作
fùxí	yùxí	gōngzuò

2

A 你 们 看 什 么？
nǐmen　kàn　shénme

B 我 们 看 <u>书</u>。
wǒmen　kàn　<u>shū</u>

报	杂志
bào	zázhì
地图	电视
dìtú	diànshì

3

A 你 打 <u>电 话</u> 吗？
nǐ　dǎ　<u>diànhuà</u>　ma

B 我 不 打 <u>电 话</u>，我 打 <u>电 脑</u>。
wǒ　bù　dǎ　<u>diànhuà</u>，　wǒ　dǎ　<u>diànnǎo</u>

<u>电脑</u>	<u>电话</u>
diànnǎo	diànhuà
<u>篮球</u>	<u>排球</u>
lánqiú	páiqiú

4

A 你 <u>去 不 去</u> <u>宿 舍</u>？
nǐ　<u>qùbuqù</u>　<u>sùshè</u>

B 我 不 <u>去</u> <u>宿 舍</u>。
wǒ　bú　<u>qù</u>　<u>sùshè</u>

<u>看</u>	<u>电视</u>
kàn	diànshì
<u>说</u>	<u>汉语</u>
shuō	hànyǔ
<u>作</u>	<u>练习</u>
zuò	liànxí

5

A 你 们 <u>说 不 说</u> <u>英 语</u>？
nǐmen　<u>shuōbushuō</u>　<u>yīngyǔ</u>

B 我 们 <u>说</u> <u>英 语</u>。
wǒmen　<u>shuō</u>　<u>yīngyǔ</u>

<u>复习</u>	<u>旧课</u>
fùxí	jiùkè
<u>预习</u>	<u>新课</u>
yùxí	xīnkè

A 你 们 学 习 什 么？
nǐmen xuéxí shénme

B 我 们 学 习 汉 语。
wǒmen xuéxí hànyǔ

A 你 们 汉 语 老 师 说 不 说 韩 语？
nǐmen hànyǔ lǎoshī shuō bu shuō hányǔ

B 我 们 汉 语 老 师 不 说 韩 语。
wǒmen hànyǔ lǎoshī bù shuō hányǔ

A 学 生 们 努 力 吗？
xuéshengmen nǔlì ma

B 很 努 力。
hěn nǔlì

A 你 们 打 不 打 排 球？
nǐmen dǎbudǎ páiqiú?

B 我 们 不 打 排 球，打 篮 球。
wǒmen bù dǎ páiqiú, dǎ lánqiú

A 早 上 你 们 作 什 么？
zǎoshang nǐmen zuò shénme

B 早 上 我 们 预 习 新 课。
zǎoshang wǒmen yùxí xīnkè

A 晚 上 你 们 作 什 么？
wǎnshang nǐmen zuò shénme

B 晚 上 我 们 复 习 旧 课，作 练 习。
wǎnshang women fùxí jiùkè, zuò liànxí

A 당신은 무엇을 공부합니까?
B 저는 중국어를 공부합니다.
A 당신의 중국어 선생님은 한국말을 합니까 하지 않습니까?
B 우리 중국어 선생님은 한국말을 하지 않습니다.
A 학생들이 노력합니까?
B 노력합니다.
A 당신들은 배구를 합니까?
B 우리들은 배구를 하지 않고 농구를 합니다.
A 아침에 당신들은 무엇을 합니까?
B 아침에 우리는 새 과를 예습합니다.
A 저녁에 당신들은 무엇을 합니까?
B 저녁에 우리는 지난 과를 복습하고 연습을 합니다.

중국에서 제일 많이 사용하는 말 한마디

A 听不懂，请慢点儿说。
tīngbudǒng, qǐng màndiǎnr shuō
못 알아 듣겠습니다. 조금 천천히 말씀해 주세요.

B 好吧。 그래요.
hǎoba

A 请再说一遍。 다시 한번 말씀해 주세요.
qǐng zài shuō yíbiàn

B 可以。 그래요.
kěyǐ

동사목적어 구조

1 술어인 동사 뒤에 목적어를 가지는 경우를 말한다.

하나의 목적어를 가지는 경우 동사 술어문의 어순은 다음과 같다.
주어 – 동사 – 목적어

예 1. 我　学习　汉语
　　 주어　동사　　목적어

　　 2. 我们去中国

2 동사 목적어 구조문의 의문형은 어미에 吗를 붙이면 된다.

예 1. 你学习汉语吗？
　　 2. 你去中国吗？

3 동사목적어 구조문의 부정형은 동사 앞에 不를 붙이면 된다.

예 1. 我不学习汉语。
　　 2. 我不去中国。

习	xí	ㄱ ㄱ 习						
		习 习 习 习 习						
習	익힐 습							

看	kàn	一 二 三 手 看 看 看 看						
		看 看 看 看 看						
看	볼 간							

复	fù	ノ ← ← 午 白 白 旬 复 复						
		复 复 复 复 复						
復	돌아올 복							

预	yù	ㄱ ㄱ ㄹ 予 予 予 预 预 预 预						
		预 预 预 预 预						
預	미리 예							

| 说 | shuō | 丶 讠 讠 讠 讠 讠 说 说 说 |
| 说 말씀 설 | | 说 说 说 说 说 |

| 工 | gōng | 一 丁 工 |
| 工 장인 공 | | 工 工 工 工 工 |

| 作 | zuò | 丿 亻 亻 作 作 作 作 |
| 作 지을 작 | | 作 作 作 作 作 |

| 练 | liàn | 纟 纟 纟 纟 纟 练 练 练 |
| 練 익힐 연 | | 练 练 练 练 练 |

| 早 | zǎo | 丨 冂 日 旦 早 |
| 早 새벽 조 | | 早 早 早 早 早 |

上	shàng	丨 卜 上
上	윗 상	

晚	wǎn	丨 冂 日 日 日' 日勹 日勹 日免 日免 日免 晚
晚	저물 만	

篮	lán	丿 丿' 丿丿 竹 竹 竹 笙 笙 篤 篤 篮 篮
篮	바구니 람	

球	qiú	一 二 干 王 王' 玎 玎 玎 球 球 球
球	공 구	

排	pái	一 寸 扌 扐 扐 扐 拃 拼 排 排 排
排	밀칠 배	

去	qù	一 十 土 去 去						
		去 去 去 去 去						
去 갈 거								

课	kè	丶 讠 讠 订 讶 识 误 评 课 课						
		课 课 课 课 课						
課 매길 과								

打	dǎ	一 十 扌 扌 打						
		打 打 打 打 打						
打 칠 타								

 练习 연습

✳ **아래의 문장을 반복의문문으로 고치세요.**

1. 我们复习旧课。

2. 我们预习新课。

3. 我们打篮球。

4. 我们学习汉语。

5. 我爸爸去中国。

✳ **문장 쓰기에 도전해 보세요.**

1. 아침에 우리는 새 과를 예습한다
   병음 :
   한자 :

2. 저녁에 우리는 배운 과를 복습한다.
   병음 :
   한자 :

3. 너는 컴퓨터를 하니?
   병음 :
   한자 :

4. 우리는 배구를 한다.
   병음 :
   한자 :

5. 우리는 영어를 학습한다.
   병음 :
   한자 :

❋ 어순에 맞게 배열하세요.

1. 我们　　复习　　不　　　　旧课。
   ➡ ___________________________

2. 你们　　学习　　汉语　　不　　　学习
   ➡ ___________________________

3. 你　　不看　　杂志　　看
   ➡ ___________________________

4. 你们　　说　　老师　　不说　　韩语
   ➡ ___________________________

5. 你们　　不作　　练习　　作
   ➡ ___________________________

❋ 아래의 병음을 한자로 고치세요.

fùxí : ___________　　　xīnkè : ___________

yùxí : ___________　　　jiùkè : ___________

liànxí : ___________　　　zǎoshang : ___________

xuéxí : ___________　　　wǎnshang : ___________

lánqiú : ___________　　　páiqiú : ___________

你常看电影吗?

nǐ cháng kàn diànyǐng ma

당신은 자주 영화를 봅니까?

问题	wèntí	몡 문제
回答	huídá	됭 대답하다
作业	zuòyè	몡 숙제
常	cháng	뷰 자주
一起	yìqǐ	뷰 같이, 함께
都	dōu	뷰 모두, 다
电影	diànyǐng	몡 영화
借	jiè	됭 빌리다
还	huán	됭 돌려주다
世界	shìjiè	몡 세계
只	zhǐ	뷰 단지…만
图书馆	túshūguǎn	몡 도서관
女	nǚ	몡 여자
那么	nàme	젭 그러면
大夫	dàifu	몡 의사
哪儿	nǎr	때 어느곳
做	zuò	됭 하다

1

A 你 常 看 电 影 吗？
nǐ cháng kàn diànyǐng ma

B 我 常 看 电 影。
wǒ cháng kàn diànyǐng

打 dǎ	电脑 diànnǎo
看 kàn	电视 diànshì
借 jiè	书 shū

2

A 我 有 中 国 朋 友，
wǒ yǒu zhōngguó péngyou

也 有 美 国 朋 友。
yě yǒu měiguó péngyou

中文杂志 zhōngwén zázhì	外文杂志 wàiwén zázhì
梨 lí	桔子 júzi
中国地图 zhōngguó dìtú	世界地图 shìjiè dìtú

3

A 我 去 中 国，
wǒ qù zhōngguó

他 也 去 中 国，
tā yě qù zhōngguó

我 们 都 去 中 国。
wǒmen dōu qù zhōngguó

做 zuò	作业 zuòyè
写 xiě	汉字 hànzì
还 huán	书 shū
回答 huídá	问题 wèntí

4 **A** 她 们 是 <u>美 国 人</u>,
tāmen　shì　měiguó rén

他 们 也 是 <u>美 国 人</u>。
tāmen　yě　shì　měiguó rén

留学生	老师	朋友
liúxuéshēng	lǎoshī	péngyou

5 **A** 你 们 一 起 去 哪 儿？
nǐmen　yìqǐ　qù　nǎr

B 我 们 一 起 去 <u>美 国</u>。
wǒmen　yìqǐ　qù　měiguó

教室	图书馆	中国
jiàoshì	túshūguǎn	zhōngguó

6 **A** 你 们 学 校 只 有 <u>男 学 生</u> 吗？
nǐmen　xuéxiào　zhǐ　yǒu　nán xuésheng ma

B 不, 我 们 学 校 也 有 <u>女 学 生</u>。
bù　wǒmen　xuéxiào　yě　yǒu　nǚ xuésheng

<u>韩国学生</u>	<u>外国留学生</u>
hánguó xuésheng	wàiguó liúxuéshēng
<u>外国老师</u>	<u>韩国老师</u>
wàiguó lǎoshī	hánguó lǎoshī

7 **A** 你 只 <u>还 书</u> 吗？
nǐ　zhǐ huán shū ma

B 不, 也 <u>还 杂 志</u>。
bù　yě huán zázhì

<u>看</u>	<u>电视</u>	<u>电影</u>
kàn	diànshì	diànyǐng
打	电话	电脑
dǎ	diànhuà	diànnǎo
说	<u>韩语</u>	<u>汉语</u>
shuō	hányǔ	hànyǔ

회화1

A 你 去 哪 儿？
nǐ qù nǎr

B 我 去 钟 珊 家，你 去 不 去？
wǒ qù zhōngshān jiā, nǐ qù bu qù

A 我 也 去，我 们 一 起 去，好 吗？
wǒ yě qù, wǒmen yìqǐ qù hǎo ma

B 好，你 常 去 钟 珊 家 吗？
hǎo, nǐ cháng qù zhōngshān jiā ma

A 我 常 去，钟 珊 的 爸 爸 是 老 师，
wǒ cháng qù, zhōngshān de bàba shì lǎoshī,

妈 妈 也 是 老 师，叔 叔 也 是 老 师。
māma yě shì lǎoshī, shūshu yě shì lǎoshī

B 那 么，他 们 家 人 都 是 老 师 吗？
nàme, tāmen jiārén dōu shì lǎoshī ma

A 不，她 的 哥 哥 不 是 老 师，是 大 夫。
bù, tā de gēge búshì lǎoshī, shì dàifu

회화2

A 你 们 班 学 生 都 是 韩 国 人 吗？
nǐmen bān xuésheng dōu shì hánguórén ma

B 是，我 们 班 学 生 都 是 韩 国 人。
shì, wǒmen bān xuésheng dōu shì hánguórén

A 你 们 班 只 有 女 学 生 吗？
nǐmen bān zhǐyǒu nǚ xuésheng ma

B 不，我 们 班 也 有 男 学 生。
bù, wǒmen bān yě yǒu nán xuésheng

A 学校的老师只有韩国人吗？
xuéxiào de lǎoshī zhǐyǒu hánguórén ma

B 不，我们的中文老师是中国人。
bù, wǒmen de zhōngwén lǎoshī shì zhōngguórén

A 中文老师说韩语吗？
zhōngwén lǎoshī shuō hányǔ ma

B 不，中文老师不说韩语，只说汉语。
bù, zhōngwén lǎoshī bù shuō hányǔ, zhǐ shuō hànyǔ

A 你们常一起看中国电影吗？
nǐmen cháng yìqǐ kàn zhōngguó diànyǐng ma

B 我们常一起看中国电影。
wǒmen cháng yìqǐ kàn zhōngguó diànyǐng

A 너 어디 가니?
B 나는 중산네 집에 가. 너, 갈래 안 갈래?
A 나도 가, 우리 함께 가자. 좋지?
B 좋아, 너 중산네 집 자주 가니?
A 나는 자주 가. 중산의 아빠는 선생님이고 엄마도 선생님이고 삼촌도 선생님이셔.
B 그러면 그의 가족 모두가 선생님이니?
A 아니, 그녀의 오빠는 선생님이 아니고 의사야.

A 너희 반 학생들은 모두 한국인이니?
B 맞아, 우리 반 학생들은 모두 한국인이야.
A 너희 반에 여학생만 있니?
B 아니, 우리 반에는 남학생도 있어.
A 학교의 선생님은 한국인만 있니?
B 아니, 우리 중국어 선생님은 중국인이야.
A 중국어 선생님은 한국말을 하니?
B 아니, 중국어 선생님은 한국말을 하지 않고 중국어만 말해.
A 너희들은 자주 같이 중국 영화를 보니?
B 우리들은 자주 같이 중국 영화를 봐.

A 妈妈，我有点儿饿。 엄마 저 배가 고파요.
　　māma,　　wǒ　yǒudiǎnr　　è

B 你想吃什么? 뭐 먹고 싶니?
　　nǐ　xiǎng　chī　shénme

A 我想吃炒饭。 볶음밥이 먹고 싶어요.
　　wǒ　xiǎng　chī　chǎofàn

A 妈妈，我有点儿渴。 엄마 저 목 말라요.
　　māma,　　wǒ　yǒudiǎnr　　kě

B 你要喝什么? 뭐 마실래?
　　nǐ　yào　hē　shénme

A 我要喝橙汁。 오렌지 쥬스 마실래요.
　　wǒ　yào　hē　chéngzhī

语 法 | yǔfǎ 문법

1 상황어

동사, 형용사 앞에서 동사, 형용사를 꾸며주는 부분을 상황어라 한다. 부사, 형용사, 시간사 등은 모두 상황어가 될 수 있다.

예 1. 我常看电影。

2. 我们一起看电视。

3. 教室很干净。

都, 也, 一起, 常, 只

1) 都는 자주 쓰이는 부사로서 "모두"라는 뜻이 있으며 都가 총괄하는 것은 보통 그 앞에 나타나는 사람이나 사물이다.

> 예 你们都看电影吗 ？ 都看。

2) 也는 자주 쓰이는 부사로서 "…도"라는 뜻이 있으며 주어도 목적어도 가리킬 수 있다.

> 예 1. 我看电影，他也看电影。 주어를 가리킨다
>
> 　　2. 我看电影，也看电视。 목적어를 가리킨다

✓ 都와 也를 함께 사용할 때는 也는 都의 앞에 놓인다.

> 예 我们看电影，他们也都看电影。

3) 一起는 자주 쓰이는 부사로서 "함께"라는 뜻이 있다.

> 예 我们一起看电影。

4) 常는 자주 쓰이는 부사로서 "자주, 항상"라는 뜻이 있다.

> 예 我们常看电影。

5) 只는 자주 쓰이는 부사로서 "…만, 단지"라는 뜻이 있다.

> 예 我只看电视，不看电影。

问	wèn	丶丶冂冂问问
問 물을 문		问 问 问 问 问

题	tí	日旦早是是是是是题题题
題 제목 제		题 题 题 题 题

回	huí	丨冂冂同回回
回 돌 회		回 回 回 回 回

答	dá	丿丿丷竺竺竺答答答
答 대답 답		答 答 答 答 答

| 业 | yè | 丨 丨丨 丨丨 业 业 | | | | | | |
| 業 업업 | | | | | | | | |

| 起 | qǐ | 一 十 土 キ キ キ 走 走 起 起 起 | | | | | | |
| 起 일어날 기 | | | | | | | | |

| 都 | dōu | 一 十 土 少 者 者 者 者 都 都 | | | | | | |
| 都 모두 도 | | | | | | | | |

| 影 | yǐng | 日 旦 旦 무 昙 昙 景 景 景 影 影 影 | | | | | | |
| 影 그림자 영 | | | | | | | | |

| 借 | jiè | 丿 亻 亻 亻 佗 件 件 借 借 借 | | | | | | |
| 借 빌릴 차 | | | | | | | | |

还	huán	一 了 了 不 环 还 还
		还 还 还 还 还
還	돌아올 환	

世	shì	一 十 世 世 世
		世 世 世 世 世
世	세상 세	

界	jiè	丨 冂 日 田 田 甲 界 界 界
		界 界 界 界 界
界	지경 계	

只	zhǐ	丨 冂 口 只 只
		只 只 只 只 只
只	다만 지	

夫	fū	一 二 チ 夫
		夫 夫 夫 夫 夫
夫	지아비 부	

女	nǔ	く 夕 女						
	女	女	女	女	女			
女 계집 여								

儿	ér	丿 儿						
	儿	儿	儿	儿	儿			
兒 아이 아								

馆	guǎn	丿 𠂉 𠂊 饣 饣 饣 馆 馆 馆 馆
	馆 馆 馆 馆 馆
館 집·마을 관	

 ## 练习 연습

✳ 어순에 따라 다음 어귀를 문장으로 쓰시오.

1. 常　　　作　　　我们　　　练习　　　一起

2. 金韩中　中文词典　也有　　有　　　韩文词典

3. 学校　　大　　　我们的　很

4. 常　　　篮球　　我们　　打

5. 是　　　中国人　她们　　都　　　也

✳ 문장 쓰기에 도전해 보세요.

1. 나는 자주 도서관에 갑니다.　　병음 :
　　　　　　　　　　　　　　　　한자 :

2. 우리는 함께 영화 보러 갑니다.　병음 :
　　　　　　　　　　　　　　　　한자 :

3. 그녀들은 모두 중국 대학생입니다.　병음 :
　　　　　　　　　　　　　　　　한자 :

4. 그는 책만 빌리고 책을 돌려주지 않는다.
　병음 :
　한자 :

5. 그들은 중국인이다, 그녀들도 모두 중국인이다.

    병음 : ____

    한자 : ____

✳ 都, 也, 常, 一起, 只를 써서 공백을 메우시오.

1. 我们 ________ 去图书馆。

2. 他是班长, 他 ________ 是班长。

3. 王力群 ________ 看电视, 不看电影。

4. 他们常 ________ 看中文电影。

5. 他们是我朋友, 他们也 ________ 是我的朋友。

✳ 아래의 병음을 한자로 고치세요.

jiè : ____________________   huán : ____________________

dàifu : ____________________   shìjiè : ____________________

cháng : ____________________   nàme : ____________________

zuòyè : ____________________